I segreti nazisti

I segreti nazisti

I segreti nazisti

Una breccia occulta nel tessuto della storia

Frank Lost

Traduzione dall'inglese di Alice Caronni
alicecaronni@gmail.com

Copyright © 2013 Frank Lost
www.euromyst.com
Tutti I diritti riservati.
ISBN-13: 978-1494331160
ISBN-10: 1494331160

I segreti nazisti

I segreti nazisti

INDICE

I segreti nazisti

INTRODUZIONE

A volte la realtà può risultare più strana della finzione. Per questo motivo, non è necessario aggiungere ulteriori fantasie ai fatti storici veritieri nel campo dell'occultismo nazista, soprattutto quelli riguardanti le spedizioni e le ricerche pseudo-scientifiche.

Gli appassionati di storie curiose e sensazionali possono ritenersi soddisfatti dal progetto di documentazione delle streghe di Himmler, o dalla Teoria della Terra Cava, o dalla Teoria del Mondo di Ghiaccio e delle sue varie lune cadute sul nostro pianeta, responsabili della scomparsa di Atlantide. Questa è storia reale e alcuni nazisti di alto rango credevano realmente a queste teorie, non importa quanto possano sembrare incredibili agli occhi dell'uomo moderno.

Contaminare il fascino misterioso di queste storie con materiale non verificabile o, ancora peggio, con vere e proprie falsità inventate da autori di poco conto alla ricerca di facili guadagni, non comporta alcun miglioramento. Le invenzioni vengono solitamente riscritte in diverse varianti su internet, da autori che finiscono per aggiungere il proprio tocco personale o la propria interpretazione, sostenendosi a vicenda in quanto vere e proprie fonti di fortuna.

Anche se ci capita di imbatterci in argomenti esoterici collocabili tra il mito e la realtà, non ci si dovrebbe discostare troppo dai corretti metodi scientifici proposti da Sagan. Il lavoro dovrebbe basarsi solo su dati sperimentali, osservazioni e misurazioni; la conferma dei dati dovrebbe derivare da fonti documentate. La logica dovrebbe essere alla base di tutti i fondamenti e ogni collegamento appartenente alla catena delle osservazioni presentate dovrebbe restare unito. Le ipotesi su un nesso tra due fenomeni separati, solo per il fatto che fossero vicini nel tempo, nello spazio o nella forma, dovranno trovare conferma in materiali rilevanti, come prove geografiche o fisiche. Infine, bisogna applicare il principio del Rasoio di Occam: quando vi sono ipotesi contrastanti a spiegazione di uno stesso fatto, si deve utilizzare la più semplice, nonostante se ne possa trovare un'altra più attraente. Lo scopo non è scrivere la sceneggiatura di un film, ma scoprire cos'è accaduto realmente dal punto di vista storico.

Tra le varie dichiarazioni false, il libro (ancora affascinante) *Il mattino dei maghi* di Pauwels e Bergier (1960), sottolinea giustamente che l'era nazista fu come una breccia spazio-temporale, che gli autori definirono "l'Altrove Assoluto". Ciò che accadde in dodici anni di dittatura, nel cuore dell'Europa, in uno dei paesi più civilizzati e industrialmente avanzati, non coincide con i valori morali, filosofici e religiosi che prevalevano a quell'epoca in tutto il mondo. Per questo motivo, vi è la necessità di verificare tutti i fatti storici correlati alle "stranezze" del nazismo, trovabili raramente nei libri degli storici convenzionali.

L'occultismo esisteva veramente nella Germania nazista, tuttavia non era così diffuso: si concentrava principalmente sulle fantasie personali di Himmler e della sua cerchia di ufficiali d'alto rango. Himmler era il potente Reichsführer delle temute SS e, in quanto tale, poteva introdurre pratiche occulte e religiose nell'addestramento della sua élite di soldati, come ad esempio quella della Castello di Wewelsburg. Himmler fondò un'istituzione quasi segreta e pseudo-scientifica chiamata Ahnenerbe, la quale guidò le spedizioni in Tibet oppure la ricerca del Sacro Graal in Francia meridionale. Infine, Himmler dimostrò grande interesse nell'ambito della persecuzione delle streghe durante il Medioevo.

Dopo la guerra, all'inizio degli anni '60, si originarono fantasie, leggende metropolitane, invenzioni letterarie e pure bugie. Ogni libro sul nazismo e l'occulto, su Satana, sugli ufo o i tesori segreti, poteva contare su una vendita di migliaia di copie. Tra i finti storici e i narratori dall'approccio meramente commerciale, si nascondevano anche alcune persone "oneste" e fanatiche che riuscirono a sviluppare, attraverso i loro scritti e insegnamenti, una sorta di versione semi-religiosa del nazismo, la base fino ai giorni nostri dei movimenti neonazisti di tutto il mondo. Tuttavia, si dovrebbe affrontare in modo più approfondito queste tematiche, come il Sole Nero e l'energia Vril che pervade molti di questi credi della nuova era nazista.

Questo libro mira a separare i fatti storici, per quanto possano risultare esoterici e strani, dalle invenzioni e dalle montature commerciali postbelliche. Gli appassionati di misteri e segreti oscuri non ne rimarranno delusi, poiché in questa ricerca la realtà è spesso più strana della finzione.

CURIOSITÀ STORICHE

Ciò che consideriamo stranezza non fa necessariamente parte dell'occulto e al contempo l'esoterismo non sottintende obbligatoriamente stranezza, eppure i fatti possono rimanere nascosti per diverse ragioni.

Ci sono poche testimonianze storiche riguardanti le stranezze realmente accadute durante l'era nazista; questi temi vengono toccati raramente dalle correnti storiche tradizionali in quanto si potrebbe incorrere nel "disagio" causato dalla classica dicotomia del bene e del male tra le forze dell'Asse e gli Alleati, dovuta probabilmente al Processo di Norimberga tenutosi subito dopo la Seconda Guerra Mondiale dagli Alleati.

Basti considerare che i "cattivi" non facevano discriminazioni nei ranghi così come l'esercito statunitense nei confronti delle sue truppe di colore e che qualsiasi scoperta che fecero in campo tecnico ha reso possibile il potenziamento della ricerca post-bellica e lo sviluppo sia degli Stati Uniti che dell'URSS. Tale affermazione si riferisce in particolare al settore dell'aeronautica e della missilistica.

Soldati ebrei e "non bianchi" nell'armata tedesca

Sebbene il Nazismo applicasse le leggi razziali nei confronti degli individui non appartenenti alla razza bianca, alcune organizzazioni accettavano di buon grado volontari di qualsiasi razza, o quasi. Secondo quanto afferma l'autore Bryan Mark Rigg nel suo libro *I soldati ebrei di Hitler*, nelle forze armate tedesche si contavano fino a 150.000 soldati ebrei, o parzialmente ebrei. Alcuni di loro ottennero persino onorificenze militari, mentre altri riuscirono ad aggiudicarsi posizioni d'alto rango diventando generali o ammiragli. Questi ebrei si consideravano tedeschi a tutti gli effetti, non ebrei.

Feldmaresciallo Erhard Milch

L'esempio più sconvolgente è rappresentato dal Feldmaresciallo Erhard Milch: un "mezzo ebreo", il cui certificato di nascita fu falsificato da nientemeno che Goering, il quale di fronte alle proteste naziste replicò "Io decido chi è ebreo e chi è ariano".

Infatti, si verificò un'eccezione alle leggi razziali di Norimberga, definita con lo status di "ariano onorario". I giapponesi e i finlandesi, non discendenti dal ceppo indoeuropeo, furono proclamati ariani onorari. Anche alcuni ebrei vennero considerati tali, ma solo una minima parte; si trattava per lo più di veterani della prima guerra mondiale che avevano vinto medaglie militari per il coraggio dimostrato in battaglia.

Soldato africano in servizio nella Freies Arabien Legion

In quel periodo vi erano anche alcune persone di colore residenti in Germania. Quando il Nazismo conquistò il potere furono sterilizzate, mentre altre duramente discriminate dalla popolazione.

All'interno dell'esercito statunitense i soldati neri ricevevano un trattamento peggiore rispetto a quello dei loro colleghi bianchi. Sebbene accadesse raramente, si verificarono alcuni casi, successivamente confermati, di persone di colore reclutate all'interno di organizzazioni naziste, come la *Hitlerjugend* (Gioventù Hitleriana) e la *Wehrmacht*. Dopotutto vi erano persino alcuni neri a Berlino che godevano di trattamenti speciali al fine di coinvolgerli poi nei film di propaganda.

Soldato Sikh della Indische Legion controlla un cittadino francese (1944)

Nell'armata tedesca si percepiva l'influenza dei volontari di nazionalità e razze diverse. Gli indiani prestavano servizio in Francia lungo il Vallo Atlantico sotto controllo tedesco nella *Indische Legion* (Legione Indiana) e mantenevano ovviamente alcune delle loro peculiarità etniche. Lo stesso valeva per i soldati neri e arabi, i quali furono impegnati nella *Freies Arabien Legion* (Legione Arabia Libera) in Nord Africa.

I soldati non tedeschi venivano arruolati nella *Wehrmacht* come Volontari Stranieri, mentre i candidati ariani si univano alle *Waffen-SS*.

Complessivamente si contavano circa 120 nazionalità diverse all'interno delle *Waffen-SS* e delle legioni straniere, le quali rappresentavano allo stesso tempo molte razze e religioni differenti. Vi erano persino alcune reclute americane o britanniche tra i prigionieri di guerra.

Sorgente di vita e rapimenti infantili

Il *Lebensborn* (La Sorgente di vita) non era un'organizzazione che si prendeva cura dei bambini ariani, così come si sosteneva dopo la guerra. Gli obiettivi prefissati erano: ridurre l'alto tasso di aborti in Germania dopo la Prima Guerra Mondiale (800.000 all'anno), accudire gli orfani durante il periodo bellico, offrire aiuti sociali ai bambini nati al di fuori del matrimonio, sia che fossero tedeschi o meno e che si trovassero in Germania oppure in un Paese occupato. Alle donne, il 60% delle quali non sposate, veniva concesso di partorire in anonimato e di dare i propri figli in adozione a famiglie ariane.

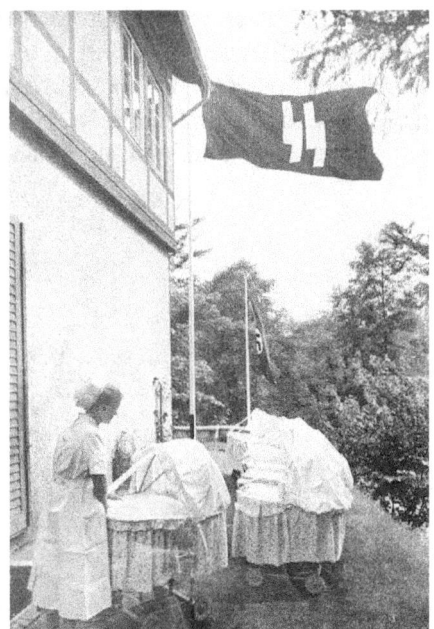

Un'infermiera si prende cura di un bambino
ariano in un centro Lebensborn

Le severe condizioni per aver diritto ai vantaggi del progetto *Lebensborn* erano conformi alle leggi razziali di Norimberga e pertanto si rivolgevano solamente ai membri della cosiddetta razza nordica o razza ariana.

Sebbene non coinvolto direttamente, il *Lebensborn* aiutava ad accogliere alcuni dei bambini polacchi rapiti e destinati alla germanizzazione. Un totale di circa 200.000 bambini polacchi, di età non superiore ai dieci anni e tutti in possesso dei "valori razziali", furono prelevati dalle loro case e portati in Germania per essere allevati da famiglie tedesche secondo l'ideologia nazionalsocialista. Anche nei Paesi occupati si registrarono casi di rapimento simili, tuttavia con minore incidenza.

Sembrerebbe che il *Lebensborn* fosse solo la punta dell'iceberg del serio problema dei bambini considerati ariani in Europa. Oltre ai rapimenti, molti bambini nascevano da relazioni illegittimi tra soldati tedeschi e donne dei Paesi occupati. Solo in Francia si stima che il numero dei figli della guerra (*enfants de la guerre*) fosse 200.000; se ne contavano 40.000 in Belgio, 20.000 nei Paesi Bassi, 12.000 in Norvegia e 4.000 in Finlandia. Dopo la guerra questi bambini venivano spesso discriminati duramente e chiamati "traditori".

Il Lago Töplitz: l'abisso nazista

Il Lago Töplitz si trova sulle montagne vicine a Salisburgo, in Austria. È possibile accedere alle sue sponde solamente a piedi perché la piccola strada che conduce al lago è proprietà privata. Di per sé il lago non è così grande, è largo solo 400 metri e lungo 2 km, ma è abbastanza profondo (108 m). I tedeschi ne sfruttarono proprio le peculiarità e adibirono l'area a centro di sperimentazione delle torpedini.

Verso la fine della guerra i nazisti avevano intenzione di portare Hitler in questa fortezza alpina naturale e di organizzare l'ultimo attacco disperato contro le forze alleate in avanzamento. Tuttavia, Hitler si suicidò il 30 aprile 1945 e questo luogo divenne il nascondiglio degli ultimi segreti del Terzo Reich al fine di evitare che cadessero definitivamente in mano agli Alleati.

Le acque scure e profonde del Lago Töplitz

Durante gli ultimi giorni di guerra un'auto delle SS portò delle casse misteriose nei pressi del lago. Dato che i veicoli non erano autorizzati a proseguire, i soldati bussarono alla porta di una giovane ventunenne, Ida Weisenbacher, che ancora oggi risiede in una piccola casa vicina al lago. "Erano le cinque di mattina, eravamo ancora a letto quando abbiamo sentito bussare alla porta" ricordò la Weisenbacher. "Alzati subito! Prendi il carro, ci serve il tuo aiuto!".

Ida si sbrigò e indicò loro la strada per raggiungere la riva del lago con il carro trainato dai cavalli. "C'era un comandante. Ci disse di portare le casse al lago Töplitz il più velocemente possibile" aggiunse la Weisenbacher. Le casse erano etichettate con lettere e numeri in grassetto. Dopo aver caricato tre volte il carro e aver raggiunto il lago, la donna testimoniò: "Quando portai l'ultimo carico, vidi i soldati procedere verso il lago e scaricare le casse in acqua. Le SS continuavano a spingermi via, ma vidi le casse affondare nel lago".

Dopo la guerra molte persone tentarono di immergervisi per trovare il tesoro nazista, ma le probabilità di successo erano poche e i rischi molti. Il fondo del lago venne ricoperto con dei tronchi, rendendolo simile a una foresta sommersa costituita da alberi che cadono dalle ripide pendici della montagna. Nel 1947 un sommozzatore della Marina Militare statunitense vi rimase intrappolato e annegò. Nel 1959 un gruppo finanziato dalla rivista tedesca Stern riuscì a recuperare delle casse contenenti 72 milioni di sterline contraffatte e una macchina da stampa. Il denaro falso venne stampato durate un'operazione segreta di contraffazione, in codice "Operazione Bernhard", la quale era autorizzata personalmente da Adolf Hitler per sabotare l'economia degli Alleati.

Nel 1963 annegò un altro sommozzatore e da quel momento le esplorazioni vennero proibite fino al 1983, quando un biologo tedesco scoprì per caso altre sterline contraffatte e diversi missili dell'era nazista precipitati nel lago. Alla fine del millennio furono lanciate nelle profondità del lago altre spedizioni costate fino a 600.000 dollari; una di queste riportò alla luce altro denaro contraffatto. Un'azienda francese riuscì ad asciugare alcune delle banconote ritrovate e a esporle a una mostra.

A ragion veduta, alcuni sostengono che si possa trovare di più. È molto probabile che altri tesori importanti siano stati nascosti sotto la foresta di tronchi che giace sul fondo del lago.

I lupi mannari

Il termine *Werwolf* significa in tedesco lupo mannaro ed era in origine il titolo di un romanzo di Hermann Löns *Der Wehrwolf* (1910), letteralmente "il lupo che si difende". Dopo la prima guerra mondiale, i soldati dei *Freikorps* (Corpi Franchi) lessero il libro e ne seguirono l'esempio. Alcuni ripercorrono la storia per scoprire le origini del *Werwolf*, giungendo sino al tardo Medioevo e alle Corti Vehmiche: si trattava di una società segreta composta da comuni cittadini che volevano vendicarsi nei confronti dei criminali che avevano danneggiato la comunità, che in seguito venivano condannati e solitamente impiccati ad un albero come simbolo di avvertimento.

Bandiera con il simbolo del Werwolf

Nel marzo 1945, quando ormai la vittoria finale sembrava impossibile, il Ministro della Propaganda Joseph Goebbels promosse l'idea di una guerriglia clandestina che avrebbe attaccato gli Alleati, persino dopo la vittoria.

La verità è che inizialmente il Werwolf fu concepito come un'unità di commando e non come un approccio intellettuale di resistenza. Sebbene fino agli inizi del 1948 si fossero verificati alcuni casi di terrorismo contro i nemici del nazismo, molti misero in discussione il fatto che fossero realmente legati all'organizzazione segreta del Werwolf. L'unico esito che ebbe la propaganda che girava attorno al Werwolf fu la sopravvalutazione del fenomeno da parte degli Alleati, mettendo così in maggiori difficoltà la popolazione tedesca.

Il vero Werwolf fu fondato nell'estate del 1944 da Heinrich Himmler e poi affidato al Generale SS Hans-Adolf Prützmann. Le reclute, tra cui 5.000 uomini delle SS e i giovani hitleriani, venivano addestrate con tecniche di guerriglia simili a quelle che i tedeschi vedevano utilizzare dai partigiani sovietici nei territori occupati dell'est.

Il 23 marzo 1945 Joseph Goebbels sollecitò ogni cittadino della Germania occupata a comportarsi come un membro del Werwolf. Sebbene nel 1945 i partigiani addestrati da Prützmann furono annientati completamente, gli Alleati continuarono ad adottare misure durissime nei confronti dei tedeschi. I sovietici, in particolare, uccisero migliaia di giovani ragazzi perché sospettati di essere membri del Werwolf, senza alcuna prova reale né un processo giudiziario.

Tuttavia, il Werwolf può considerarsi il risultato della propaganda di successo di Joseph Goebbels, in quanto riuscì a mobilizzare molte risorse alleate di fronte a un pericolo quasi inesistente.

Il Reich sotterraneo

In pochi anni la Germania nazista occupò molti Paesi europei e apportò evidenti cambiamenti al paesaggio. Alcuni sono visibili ancora oggi, i bunker ad esempio, mentre altri si estendono sotto terra per grandi distanze. Qual era lo scopo di tali costruzioni? Nascondevano dei programmi particolari?

Molti avranno visto i film della seconda guerra mondiale e sono a conoscenza dell'impressionante catena di bunker esistente lungo il Vallo Atlantico, concepita per prevenire qualsiasi tentativo delle forze alleate di attaccare dal mare. Altri ricorderanno le immagini dei quartieri generali di Hitler nella Prussia Orientale (*Wolfsschanze*, in italiano "Tana del lupo") o in Ucraina, a Vinnitsa (*Werwolf*, in italiano "lupo mannaro"). Ma chi ha mai sentito parlare delle città sotterranee nella Valle di Giona o delle fabbriche sotterranee al campo di concentramento di Dora?

I tedeschi costruirono almeno quattordici bunker ideati come quartieri generali per Hitler; in realtà ne utilizzò solo dieci. Alcuni bunker sono ben conosciuti, mentre altri sono a malapena menzionati nei libri di storia. Molti francesi, ad esempio, non sanno che esiste un grande complesso di bunker a soli 60 km da Parigi, nella città di Margival adiacente a Soissons. Oltre le persone che vi abitano vicino, nessuno ha mai visitato i quartieri generali polacchi di Hitler a Stępina or Strzyżów, chiamati in tedesco "Anlage Süd" (Stabilimenti sud). Il 27 agosto 1941 Hitler incontrò qui Mussolini. Basandomi sulle informazioni che ho potuto raccogliere personalmente dagli anziani locali, agli abitanti fu chiesto di rimanere nelle proprie case e di chiudere le finestre al fine di non vedere il Duce e il Führer aggirarsi per Stępina, nonostante fosse concesso loro di muoversi all'interno delle loro case.

Gli stessi anziani affermarono che, subito dopo la guerra, gli agenti dei servizi segreti polacchi scoprirono una struttura a più livelli proprio sotto il bunker, costituita probabilmente da quattro\cinque piani sotterranei. Nessuno lo sa con certezza perché i tedeschi allagarono l'intero edificio grazie alla presenza di un fiume nelle vicinanze. I sommozzatori polacchi tentarono di localizzare il varco presente nella struttura in cui si riversò il fiume, ma senza successo. Si escluse quindi la possibilità di pompare fuori l'acqua. Alcune dicerie raccontano che dei ricchi nordamericani con discendenza polacca tenteranno prossimamente di investire il denaro necessario per fermare la perdita e svuotare completamente il bunker e i suoi piani sotterranei. Eppure, nessuno sa esattamente cosa si possa trovare laggiù a causa della mancanza di documenti in materia.

Il bunker del treno di Mussolini a Stępina

Ancor più misteriose erano le vaste reti di tunnel e bunker, così grandi da somigliare spesso a delle città sotterranee. Ancora oggi il loro vero scopo non è del tutto chiaro.

L'esempio meno misterioso, ma probabilmente il più raccapricciante era il campo di concentramento di Dora con la sua fabbrica Mittelwerk, situato vicino alla città di Nordhausen. La maggior parte delle attività si svolgeva nelle strutture sotterranee della montagna Kohnstein, dove avevano seppellito l'intera fabbrica che produceva i famosi missili V2. Questi ultimi furono scoperti il 17 e il 18 agosto 1943, dopo il raid aereo alleato contro le basi missilistiche sull'isola di Peenemünde.

La fabbrica Mittelwerk

Der Riese (Il Gigante) è un altro grande complesso di tunnel e bunker nelle Eulengebirge (Montagne del gufo) e sotto il Castello di Książ in Bassa Slesia, a quell'epoca territorio tedesco, oggi polacco. Fu costruito nel 1943 e adibito a quartier generale di Hitler. I bunker sotterranei erano situati in otto posizioni differenti; per questo motivo fu necessario l'impiego di migliaia di lavoratori. Albert Speer, Ministro agli Armamenti e alla Produzione Bellica, affermò: "Questi progetti richiedevano 250.770 metri cubi di cemento armato sopra alla muratura interessata, e prevedevano 211.780 metri cubi di cunicoli, 58 chilometri di strade con sei ponti, e 100 chilometri di condutture. Più concretamente per il complesso "Il Gigante" è stato investito più denaro di quanto fosse stato destinato all'intera popolazione per la costruzione dei rifugi antiaerei nel 1944." Il costo totale è stato cinque volte superiore rispetto a quello del bunker della Tana del Lupo.

Chilometri di tunnel nel Gigante

I lavori non furono mai completati interamente prima della fine della guerra e ad oggi nessuno è a conoscenza dello scopo effettivo del Gigante, poiché i servizi segreti polacchi ne confiscarono le informazioni riservate più rilevanti. Si pensa sia stato ideato per diventare il più grande quartier generale di Hitler e un rifugio per le fabbriche sotterranee, tuttavia queste supposizioni non potranno mai essere confermate con certezza. Il Generale delle SS Hans Kammler era il responsabile di tutte le strutture sotterranee, ma scomparve nel 1945 vicino a Praga, in Cecoslovacchia. Intorno alla sua presunta morte nacquero diverse ipotesi controverse: la più plausibile sostiene che le truppe sovietiche gli abbiano sparato nelle foreste vicine, mentre un'altra sostiene che abbia patteggiato con l'esercito statunitense, offrendogli la sua conoscenza delle "armi miracolose" (dal tedesco *Wunderwaffen*) in cambio dell'immunità negli Stati Uniti. Quest'ultima teoria non sarebbe così inverosimile se avesse realmente incontrato gli americani prima di essere catturato dalle truppe sovietiche; Kammler era infatti a conoscenza del missile A9, noto come il missile Amerika, che doveva essere costruito in questi tunnel alti 30 metri per raggiungere la città di New York.

Il castello di Książ in Polonia

Si calcola che più della metà delle gallerie e camere sotterranee debbano ancora essere scoperte, poiché le squadre SS fecero esplodere numerosi ingressi. Ecco quanto riferisce la rivista "Warsaw Voice" riguardo le stime dei ricercatori polacchi nel dopoguerra: "Ci sono 35 condutture in materiale porcellanato ideate per trasportare liquidi. Dove? Non si sa. Ne abbiamo misurato la lunghezza e la profondità, provando inoltre a utilizzare del fumo per scoprire se le condutture erano collegate al loro interno. Abbiamo posto due razzi luminosi a ogni ingresso; il fumo è stato chiaramente risucchiato all'interno. Abbiamo sentito un rumore simile a una camera d'equilibrio in funzione... Il fumo di 26 razzi si è propagato all'interno e non è fuoriuscito da nessun lato. La capacità delle condutture o dei tunnel sotterranei deve essere incredibile, perché in grado di contenere una tale quantità di fumo!'".

Alcuni tunnel sono stati ritrovati murati, per questo motivo si pensa ce ne siano altri. I ricercatori continuano a sostenere che: "In alcuni posti, le condutture fuoriescono dal nulla dalla superficie della montagna, mentre in altri spuntano dalla roccia dei binari di ferrovie a scartamento ridotto. Questi binari venivano impiegati per rimuovere i materiali di scavo. Ci sono anche camere vuote senza alcun collegamento ai tunnel accessibili oggi, né ad alcun edificio in superficie. Alcuni elementi suggeriscono che i tunnel nelle *Eulengebirge* siano stati costituiti da una struttura a più livelli, una tecnica incontrata molto raramente in altri edifici tedeschi dello stesso periodo. Ciò potrebbe confermare la supposizione di alcuni esploratori amatoriali, i quali credono che si possa trovare ancora qualcosa nei corridoi rimasti ancora oggi inaccessibili. Alla domanda "Cosa si può trovare?", non vi è risposta. Durante il dopoguerra l'ovvio interesse suscitato da queste strutture misteriose, mostrato in particolare dai servizi speciali sovietici, tedesco-orientali e polacchi, non aiutò a dissipare tutti i dubbi".

La Valle di Giona - Ora vale la pena parlare dei 25 tunnel scavati nelle montagne della Jonastal (Valle di Giona) in Germania. Decine di migliaia di prigionieri lavorarono qui per completare questa grande impresa; molti di loro morirono di fame o persero la vita durante i lavori. La rigida segretezza che avvolgeva tale operazione ha fatto sì che ancora oggi nessuno possa affermare con certezza quale fosse il vero scopo dei tunnel. Gli ingressi dei tunnel sono stati fatti esplodere per ragioni di sicurezza, per evitarne l'accesso al pubblico. Alcuni sostengono che si trattasse di un altro enorme quartier generale di Hitler, altri che fosse un sito adibito alle sperimentazioni delle bombe nucleari o per ospitare le fabbriche che producevano i cosiddetti missili Amerika, destinati a colpire il territorio americano (*La bomba di Hitler*, di Rainer Karlsch, 2005).

Infine, alcune menti audaci affermano che il tesoro della Camera d'Ambra, chiamato l'ottava meraviglia del mondo, sia stato sepolto qui. Era una stanza appartenente al Palazzo di Caterina a Carskoe Selo in Russia; si trattava di un vero e proprio capolavoro. La teoria più probabile sostiene che fu rubata e portata a Königsberg dai tedeschi, e in seguito distrutta da nientemeno che le truppe sovietiche in avanzata. Oggi Königsberg è un'exclave russa che porta il nome di Kaliningrad.

Jonastal: i 25 ingressi dei tunnel visibili entrando nella montagna

Si raccontano ancora molte storie curiose, vere o false che siano, sul Reich sotterraneo e l'autore di questo libro ne ha ascoltata una narratagli da un amico fidato. Il nonno di questo amico è stato uno dei primi soldati francesi a combattere in territorio tedesco. Aveva sentito che i soldati americani avevano scoperto un tunnel molto profondo, probabilmente vicino alle *Harzgebirge* dove si trova la Valle di Giona. Raccontò che fu ordinato loro di entrare e di scoprirne lo scopo. Più si addentravano, più il tunnel sembrava interminabile. Secondo quanto riportato, avevano persino trovato i corpi di due soldati SS, probabilmente morti di fame tenendo tra le mani le loro mitragliatrici nel disperato tentativo di impedire intrusioni alleate. La faccenda si fa strana quando disse che ricevettero l'ordine di far esplodere il tunnel dopo circa 14 km e di non provare nemmeno a proseguire. Forse i generali statunitensi sapevano di più o avevano semplicemente paura di quello che avrebbero potuto trovare?

Le Armi Miracolose

Le Armi Miracolose (in tedesco "Wunderwaffen") erano delle vere e proprie armi innovative e costituivano dei nuovi mezzi di propaganda per il Ministro Joseph Goebbels. Erano così avanzate dal punto di vista tecnologico che diedero vita a un mito. Alcune di loro si rivelarono molto utili, ad esempio i missili V2, mentre altre avrebbero potuto essere altrettanto efficienti se fossero state prodotte in una quantità sufficiente in tempo per ribaltare le sorti della guerra. Un esempio erano i bimotore a getto da caccia Me 262. Inoltre, alcune Armi Miracolose non furono mai sviluppate dopo le fasi di progetto e di prototipo.

Silbervogel: modello di spazioplano, foto scattata nel 1935.

Numerosi progetti innovativi furono annullati ancora prima del loro inizio o non furono mai completati entro la fine della guerra. Si tratta di diversi tipi di portaerei, sottomarini a motore completamente elettrico che impiegano sistemi di propulsione in grado di operare senza l'utilizzo di aria esterna, che trasportano o meno missili balistici, carri armati superpesanti come il "Ratte" (Il

Ratto) che avrebbe dovuto pesare 1000 tonnellate. Gli scienziati tedeschi avevano progettato anche alcuni velivoli a razzo, missili A5 riutilizzabili, lanciatori satellitari A11 e A12, il bombardiere suborbitale "Silbervogel" che potrebbe essere lanciato dalle Isole Azzorre nel Medio Atlantico, equipaggiato con missili terra-aria, un'arma orbitale chiamata "cannone solare" con uno specchio concavo che potrebbe puntare la luce del sole che vi si riflette su un obiettivo specifico e distruggere presumibilmente una città intera, un enorme cannone V-3 statico per bombardare Londra dal nord della Francia e infine il famigerato progetto nucleare tedesco, che fallì a causa della mancanza di scienziati qualificati e della pessima gestione delle ricerche.

Qui di seguito sono elencate alcune delle Armi Miracolose che hanno fatto il campo di battaglia, anche se alcune di loro solo in minima parte:

L'*U-Boot tipo XXI*, conosciuto anche come "Elektroboot", fu il primo sottomarino progettato per operare stabilmente in immersione, piuttosto che come un battello di superficie. Poteva immergersi temporaneamente per non essere individuato o per sferrare un attacco.

L'U-Boot tipo XXI Bergen, Norvegia

Il **Panzer VIII Maus** fu completato nel tardo 1944 e fu il carro armato più pesante mai costruito.

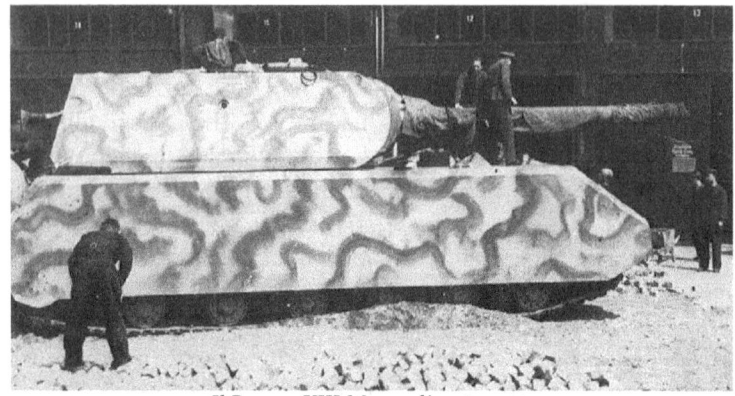

Il Panzer VIII Maus e l'equipaggio

Il **Junkers Ju 390** era uno dei velivoli in concorrenza con il Messerschmitt Me 264 e il Focke-Wulf Ta 400, presentati per essere impiegati nel progetto Amerika Bomber.

L'esamotore Junkers Ju 390

Il **Messerschmitt Me 323 Gigant** era il più grande aereo da trasporto pesante impiegato in guerra.

Messerschmitt Me 323 Gigant

La **Bomba Volante V-1** (*Vergeltungswaffe 1*, tradotto dal tedesco "Arma di rappresaglia 1") può essere considerata il predecessore dei missili da crociera moderni.

Missile V-1 su una pista di lancio all'Imperial War Museum Duxford

Il *razzo V-2* (chiamato anche Aggregat-4 o A4) era un missile balistico progettato precisamente per colpire Londra e Anversa.

Il razzo V-2 al Peenemünde Museum

L'*Horten Ho 229* era un prototipo di un cacciabombardiere progettato da Reimar e Walter Horten e fu il primo aliante al mondo senza motore.

Horten Ho 229

Il *Flettner Fl 282 Kolibri* era un elicottero da ricognizione monoposto, con cabina di pilotaggio aperta e dotato di una coppia di rotori intersecantisi bipala. Fu la prima produzione in serie di elicotteri al mondo.

L'elicottero tedesco Fl 282 Kolibri

Il *Fieseler Fi 103R* era la versione equipaggiata della bomba volante V-1, progettata per attacchi in cui il pilota rischiava di morire.

Fieseler Fi 103R, nome in codice "Reichenberg"

Il *Me 163 Komet* era un caccia intercettore con motore a razzo, l'unico ad essere impiegato sul campo.

Messerschmitt Me 163

Il *Me 262 Schwalbe* ("Rondine") fu il primo aereo da caccia con bimotore a getto più veloce rispetto ai caccia della controparte alleata.

Me 262A al National Museum of the US Air Force a Dayton

Dora era il nome di un cannone ferroviario superpesante, che pesava 1.350 tonnellate e sganciava granate di sette tonnellate con gittata massima pari a 47 km.

Il cannone Dora

L'**StG 44** (*Sturmgewehr 44*) è considerato da molti storici il primo fucile d'assalto della storia.

L'StG 44

Il *Zielgerät 1229* (ZG 1229), detto anche "Vampir", era il primo dispositivo a raggi infrarossi sviluppato per il fucile d'assalto *Sturmgewehr 44*, progettato per consentire la visione notturna.

Il dispositivo a raggi infrarossi Vampir per la visione notturna

Il *Gas Sarin* fu scoperto nel 1938 da due scienziati tedeschi che stavano tentando di creare un potente pesticida. Alla metà del 1939 passarono la formula dell'agente chimico al dipartimento di chimica dell'Ufficio Armamenti dell'Armata Tedesca, che ordinò di iniziarne la produzione di massa per scopi bellici. Vennero costruiti alcuni impianti sperimentali e al termine della seconda guerra mondiale era ancora in costruzione un impianto ad alta produzione. Sebbene il Sarin possa essere incorporato all'interno delle granate d'artiglieria, per qualche ragione i tedeschi decisero di non utilizzare il gas nervino contro bersagli alleati troppo vicini a casa; tuttavia il gas venne impiegato con effetti devastanti nella metropolitana di Tokyo, durante l'attacco dell'Aum Sect nel 1995.

L'OCCULTISMO NAZISTA

L'occultismo nazista è un concetto in cui si separano con difficoltà i fatti storici dalle fantasie del dopoguerra. Queste ultime sono molto numerose, soprattutto dagli anni '60 in poi. Due libri contribuirono a incrementare l'interesse nell'occulto: *Il mattino dei maghi* di Pauwels e Bergier (1960) e *Hitler e la lancia del destino* di Trevor Ravenscroft (1972). In seguito, qualsiasi altro libro che affrontasse il tema dell'occultismo nazista era certo di avere successo nelle vendite; il peggiore poteva tranquillamente superare le 50.000 copie.

Le radici occulte del nazismo di Nicholas Goodrick Clarke (1985) è l'unica tesi universitaria che ha realmente studiato e analizzato il periodo nazista: collega le teorie ariosofiche del tardo diciannovesimo secolo alla Società Thule e possibilmente agli albori del nazismo. Gli unici aspetti dimostrati dell'occultismo nazista sono costituiti dall'interesse risaputo di Himmler verso il tema in questione e le ricerche da lui ordinate.

Non si può fare altro che considerare i dodici anni di era nazista come una breccia nel tessuto della storia. I modelli e i valori nazisti potrebbero essere paragonati alla materializzazione perfetta di un impero del male in confronto alla nostra civiltà, tuttavia sono da collocarsi al di sopra di tutti i valori dell'Altrove Assoluto, come scrivono giustamente Pauwels e Bergier nel loro bestseller.

A questo punto risulta più che necessario analizzare i fatti reali riguardanti le ricerche, le spedizioni e le convinzioni naziste, prima di poter valutare in modo appropriato le fantasie del dopoguerra e i miti sul nazismo diffusi su internet. Tuttavia, sottolineiamo che questi miti avranno ancora successo finché la maggioranza dei lettori li preferirà alla verità, finché queste storie riusciranno ad appassionarli come una serie tv coinvolgente.

La Teoria della Terra Cava

Questa teoria presenta ancora oggi dei sostenitori, sebbene già nel tardo XVIII secolo sia stata semplicemente respinta dalla comunità scientifica.

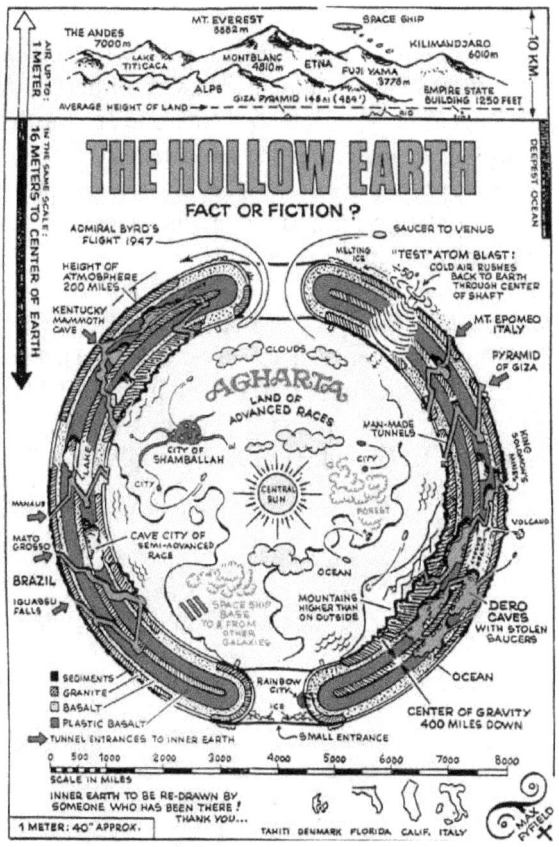

Durante l'era nazista, la teoria della Terra Cava aveva seguaci in Germania, ma non più che in altri paesi occidentali durante lo stesso periodo. Nel 1938 Edgar Allan Poe scriveva il romanzo *Le avventure di Gordon Pym*, raccontando un viaggio sublime all'interno della terra su di una barca che entrò attraverso una presunta cavità situata al Polo Sud; nel 1871 Edward Bulwer-Lytton scriveva il romanzo *La razza che verrà*, in cui si parlava di essere superiori chiamati *Vril-ya*, che risiedevano nel mondo sotterraneo; nel 1864 Jules Verne pubblicava *Viaggio al centro della Terra*, narrando di una preistoria ancora esistente; nel libro *Bestie, uomini, dei* (1922) Ferdinand Ossendowski menzionava l'esistenza di un regno sotterraneo con capitale Agartha, la residenza del Re del Mondo.

Secondo il libro di Pauwels e Bergier, *Il mattino dei maghi* (1960), gli scienziati stavano sperimentando la vita in un universo cavo sull'Isola di Rugen, nel Mar Baltico. Tentarono persino di utilizzare i raggi infrarossi per localizzare le navi della Marina britannica, poiché la presunta curvatura inversa della Terra avrebbe consentito il monitoraggio della loro posizione precisa. Domandatevi perché fallirono così miseramente.

L'unico legame verificato con i nazisti era la passione per i tunnel, inclusi basi e bunker sotterranei, che si estendevano per centinaia di chilometri, così come quelli nelle vicinanze del campo di concentramento di Dora nelle *Harzgebirge* in Germania o nel grande complesso del Gigante (*Der Riese*) nell'attuale Polonia sud-occidentale.

La Teoria del Ghiaccio Cosmico

La Teoria del Ghiaccio Cosmico (in tedesco "WEL" o "Welteislehre") è una teoria cosmologica sviluppata da Hanns Hörbiger, un ingegnere meccanico austriaco, il cui lavoro quotidiano era ben lontano dall'astronomia.

Le conoscenze di Hörbiger derivavano da alcune "visioni" avute nel sonno nel 1894. La teoria sosteneva che il ghiaccio è la componente alla base di tutti gli eventi dell'universo, ha determinato la forma del nostro pianeta attraverso l'influenza di tutte le "lune ghiacciate" cadute sulla Terra in epoche diverse, causando inondazioni che hanno spazzato via intere civiltà antiche, come Atlantide.

Hanns Hörbiger (1860-1931)

Inizialmente, Himmler e Hitler mostrarono entusiasmo per la Teoria del WEL a causa della sua presunta capacità di prevedere il tempo. Il Führer arrivò ad adottarla come scienza cosmologica del partito nazista. In seguito, tuttavia, il Ministro della Propaganda ordinò a Hörbiger di fermare la divulgazione di tutte le pubblicazioni correlate. Eccetto che in alcuni gruppi neonazisti minori, il WEL non ebbe futuro dopo la seconda guerra mondiale.

Neuschwabenland

La Nuova Svevia (in tedesco "Neuschwabenland") è la regione
antartica sotto influenza norvegese, così ribattezzata in seguito alla
spedizione antartica tedesca del 1938-1939 compiuta con la nave
Schwabenland. Quest'ultima poteva trasportare e catapultare due
aerei.

La nave Schwabenland

Prima del 1938 furono condotte due spedizioni tedesche con
l'obiettivo di attraversare l'Antartide: la spedizione Gauss
(1901-1903) e la spedizione Filchner (1911-1912).

Nel 1937 i nazisti decisero di rendere operativa una flotta baleniera
per ragioni economiche, riportando risultati positivi. Dopo il rientro
in Germania, che necessitava di grasso di balena per le sue
industrie, venne lanciata la famigerata spedizione del 1938-1939. Il
programma segreto consisteva nel trovare una buona posizione per
una base navale tedesca.

Simbolo ufficiale della spedizione del 1938-1939

A causa della segretezza dell'operazione e della mancanza iniziale di informazioni, le teorie del complotto si sono sviluppate attorno alle basi segrete costruite sotto il ghiaccio in Nuova Svevia e alla loro conseguente distruzione da parte delle truppe inglesi e americane, nella famosa "Operazione Highjump" condotta dall'Ammiraglio Byrd. Un indizio enigmatico proviene da due dichiarazioni dell'Ammiraglio Dönitz, la prima dopo il ritorno dalla spedizione nel 1939 e poi nel 1944. Presumibilmente affermò: «I miei operatori della Marina scoprirono un vero e proprio Paradiso terrestre», e poi «La flotta sottomarina tedesca è orgogliosa di aver costruito una fortezza inattaccabile per il Führer all'estremità della Terra». Durante il Processo di Norimberga, Dönitz avrebbe raccontato di «una fortificazione invisibile, nel bel mezzo dei ghiacci perenni».

Colin Summerhayes propose un articolo serio e documentato, con l'intento di screditare i miti del dopoguerra, intitolato *La base antartica di Hitler: il mito e la realtà* e pubblicato per la prima volta sul Polar Record Magazine, n. 43 della Cambridge University Press (2007). L'autore concluse affermando che "Utilizzando le conoscenze generiche sull'Antartide e le informazioni riguardanti le attività naziste pubblicate sin dagli inizi degli anni '40, si può dimostrare che i due sottomarini (l'U-530 e l'U-977) non avrebbero potuto raggiungere l'Antartide, che non esisteva alcuna base tedesca segreta durante il periodo bellico sulla Terra della regina

Maud (Dronning Maud Land), che le truppe SAS (Special Air Service) non attaccarono la presunta base tedesca, che gli uomini del SAS che si trovavano in quel territorio in quel periodo svolgevano compiti civili, che l'Operazione Highjump era pianificata per addestrare la Marina statunitense per un'eventuale guerra con l'Unione Sovietica nell'Artico e che l'Operazione Argus ebbe luogo nell'oceano, 2.000 km a nord della Terra della regina Maud. Le informazioni riservate sono state in seguito rese disponibili, permettendo così di distinguere facilmente i fatti dalle illusioni, sebbene in molti considerino più emozionante non farlo".

Inoltre aleggia un famoso mito attorno all'U-530 e all'U-977, due sottomarini tedeschi che si arresero settimane dopo la fine della guerra nel Mar del Plata (Argentina). Se vogliamo affidarci ai libri scadenti sull'argomento, arriveremo a credere che a bordo dei sottomarini vi erano nientemeno che Hitler e Eva Braun intenti a raggiungere un rifugio sotterraneo in Antartide. Si racconta vi fossero provviste abbondanti per prepararsi all'avvento del Quarto Reich o alla costruzione di ufo. Facciamo nuovamente riferimento all'approccio scientifico di Colin Summerhayes, il quale afferma chiaramente:

"Dopo aver analizzato date, periodi e velocità si presume che né l'U-530 né l'U-977 abbiano avuto il tempo di visitare l'Antartide. Tuttavia i marinai possono mentire e i diari di bordo possono essere falsificati. Sorge quindi la domanda: una spedizione simile fu fisicamente possibile considerando le condizioni del tempo?

Tutte le riflessioni precedenti non hanno considerato che giugno, luglio e agosto erano mesi di pieno inverno nell'emisfero sud. Un sottomarino poteva quindi raggiugere la costa della Terra della regina Maud, emergere e sbarcare sulla calotta di ghiaccio in pieno inverno? Il primo ostacolo sarebbe costituito dall'Oceano Antartico, mentre il secondo dalla banchisa polare spessa 1-2 metri che circonda l'Antartide durante l'inverno. I dati dei satelliti raccolti dalla NASA (da Gloersen e altri nel 1992) e dall'India (da Vyas e altri nel 2004) mostrano che nei mesi di maggio e giugno, al largo della Terra della regina Maud, la banchisa polare si estende per circa 500 km dalla costa, mentre a luglio, agosto e settembre per 1665 km dalla costa [...]

I sottomarini potevano emergere da una banchisa polare spessa 1-2 metri? [...]

La banchisa polare avrebbe potuto danneggiare facilmente i sottomarini della seconda guerra mondiale a causa della loro bassa opera morta [...]

Supponendo che l'U-977 abbia raggiunto la costa, che condizioni avrebbe incontrato l'equipaggio?

L'oscurità perenne e il cielo coperto aumentano enormemente il rischio di navigare nel ghiaccio nelle vicinanze di una costa poco conosciuta sulle carte nautiche. Anche conoscendo la costa, sarebbe stato comunque difficile perché comprende una rupe di ghiaccio alta 10-30 metri sul limitare della calotta di ghiaccio, che dal ponte basso di un sottomarino rimarrebbe più o meno invisibile nell'oscurità, non dimenticando che i mari ghiacciati sarebbero stati ricoperti di iceberg [...]. Si evince che sarebbe stato fisicamente impossibile per l'U-530 e l'U-977 navigare nei mesi di giugno, luglio o agosto del 1945 vicino alle coste dell'Antartide.

Nel caso estremo in cui fosse stato possibile, chiunque, sbarcando da un sottomarino, avrebbe incontrato enormi difficoltà addentrandosi in una distesa ghiacciata di 250 km ricca di crepacci nascosti, nell'oscurità e senza dispositivi di navigazione per raggiungere un nascondiglio nelle montagne in cui le temperature avrebbero raggiunto -50°C (Ohta 1999) con pessime condizioni climatiche".

Gli scettici dovrebbero leggere questo articolo per intero (è facilmente trovabile), in quanto dimostra nel dettaglio che tutto quanto scritto precedentemente era pura fantasia, o forse una clamorosa bugia. In genere si preferisce sempre un approccio scientifico rispetto alle dichiarazioni non confermate basate su "insider anonimi" e "cospirazioni governative".

La Ahnenerbe

Nel 1935 Himmler si incontrò con degli esperti razziali e fondò una società chiamata "Deutsches Ahnenerbe, Studiengesellschaft für Geistesurgeschichte" (Eredità Ancestrale Tedesca, Società di Ricerca per la Storia dell'Ideologia Primordiale); in breve prendeva il nome di *Ahnenerbe*. Wolfram Sievers fu il più importante e l'ultimo presidente dell'organizzazione, in seguito condannato a morte al Processo di Norimberga.

L'*Ahnenerbe* si prefiggeva come obiettivo lo studio e la ricerca della storia etnologica, antropologica e culturale della razza Nordica, la cosiddetta razza ariana. Si organizzavano spedizioni in diverse parti del mondo per cercare la culla della razza ariana e per dimostrare che in passato aveva dominato il mondo.

Simbolo ufficiale dell'Ahnenerbe

L'*Ahnenerbe* era composta da numerosi dipartimenti e, sebbene la maggior parte di essi si dedicasse agli studi archeologici, disponevano di una sezione metereologica basata sulla Teoria del Ghiaccio Cosmico di Hanns Hörbiger e persino di una sezione di musicologia.

Le spedizioni furono numerose:

Carelia, Finlandia (1935): l'obiettivo era documentare i canti di stregoni e streghe perché si pensava contenessero parti di incantesimi ariani antichi.

Bohuslän, Svezia (1936): la squadra partì per il più antico sito d'arte rupestre svedese, caratterizzato dalla presenza di ideogrammi scolpiti. Wirth, il successivo presidente dell'*Ahnenerbe*, tentò di dimostrare la scoperta tra queste incisioni rupestri di un alfabeto preistorico. Tuttavia, Wirth stava utilizzando un metodo non propriamente scientifico.

Italia (1937) and **Medio Oriente** (1938): due ricercatori, Franz Altheim and Erika Trautmann, si recarono in Italia e in seguito in Romania, Turchia, Grecia, Libano, Siria e Iraq per dimostrare che il successo dell'Impero Romano era da ricondursi alle sue radici razziali ariane.

Germania (1937-1938): i ricercatori scavarono all'interno di antiche fortezze e vi trovarono caverne preistoriche con manufatti risalenti all'uomo di Cro-Magnon. Altre squadre SS studiarono il famoso sito di Externsteine, che avrebbe dimostrato lo stato di avanzamento delle tribù preistoriche tedesche, seguaci di una religione solare molto organizzata ed evoluta.

Francia: gli stessi ricercatori si recarono in Francia per visitare delle note caverne preistoriche. Inoltre, durante la guerra le SS cercarono di rubare l'arazzo di Bayeux raffigurante l'invasione normanna dell'Inghilterra, poiché avrebbe potuto confermare la superiorità delle tribù germaniche.

Il caso più curioso è quello di Otto Rahn, un ufficiale SS spedito nel periodo prebellico nella Francia sud-occidentale come civile per andare alla ricerca del Santo Graal, conservato presumibilmente nel Castello di Montségur. Rahn scrisse libri interessanti su questa leggenda. Curioso è che una volta fatto ritorno in Germania, morì assiderato in mezzo alle montagne. Alcuni temono non si sia trattato né d'incidente, né di suicidio.

Spagna: una recente mostra archeologica a Bremen (Germania) intitolata *"Scavi per la Germania: archeologia sotto la svastica"* illustra che i nazisti condussero una spedizione durante la seconda guerra mondiale volta alla ricerca del Santo Graal. La realtà si rivelò più strana della fantasia. La mostra narra che il Reichsführer SS Heinrich Himmler si era probabilmente recato in Spagna perché credeva che il Santo Graal fosse custodito nell'Abbazia di Montserrat, nelle vicinanze di Barcellona.

Era convinto che con il ritrovamento del Santo Graal "avrebbe ottenuto poteri soprannaturali e che la Germania avrebbe vinto la guerra". Alcuni scienziati SS sotto copertura cercarono il Graal invano. L'*Ahnenerbe* metteva a disposizione un alto budget per simili progetti perché i nazisti impiegavano le loro scoperte per riscrivere la storia e dimostrare che i germanici erano stati la razza superiore.

Tibet (1938-1939): si è parlato molto di questa spedizione, la quale doveva essersi prefissata alcuni obiettivi esoterici e occulti per entrare in contatto con i monaci Bönpo, praticanti di magia nera sciamanica in grado di garantire ai nazisti la vittoria della guerra. L'unico elemento veritiero è che Himmler era davvero un appassionato del misticismo asiatico e desiderava coinvolgere i "veri scienziati dell'Ahnenerbe", tra cui Edmund Kiss, per sperimentare la Teoria del Ghiaccio Cosmico in Tibet.

Secondo le dichiarazioni di Ernst Schäfer, illustrate nel 1994 in un documentario italiano chiamato *Il Nazismo Esoterico*, la verità è molto meno mistica rispetto a tutte le fantasie che invadono il mondo di internet con teorie cospiratorie. Schäfer affermava chiaramente che non vi era nulla di occulto nella spedizione e che tutte le altre dichiarazioni erano prive di senso. Spetterebbe agli scrittori fantastici il compito di fornire delle prove sulla narrazione, non ai loro ascoltatori: ecco come dovrebbero lavorare scienza e giustizia.

Pranzo tradizionale tra le SS dell'Ahnenerbe e gli ospitanti tibetani

Ernst Schäfer condusse una normale spedizione affrontando diverse difficoltà causate dal passaggio nell'India britannica poco prima dell'avvento della guerra, tuttavia con la sua squadra riuscì a focalizzarsi sulla geologia, l'etnologia, la botanica e la zoologia. Riportarono in Germania molte fotografie, pellicole, campioni di piante e animali, misurazioni e regali preziosi da parte dei loro ospitanti tibetani, come l'edizione completa dei testi sacri tibetani, il *Kangyur* composto da 108 volumi, e altri testi antichi, tra cui un documento che tratterebbe presumibilmente il tema della razza ariana. Inoltre si racconta che la squadra di Schäfer riportò anche una statua di metallo meteoritico chiamata "l'uomo di ferro" e costruita probabilmente 1.000 anni prima, risalente quindi alla religione Bon, culto pre-buddista.

Polonia (1939): Wolfram Sievers convinse Himmler a rubare alcuni pezzi da museo, tra cui l'altare Veit Stoss a Cracovia, ma in molti casi gli uomini di Göring si dimostrarono più veloci. All'*Ahnenerbe* venivano lasciati per lo più dispositivi scientifici e manufatti.

Crimea (1943): Himmler spedì i suoi uomini dell'*Ahnenerbe* alla ricerca di reperti storici gotici probabilmente diffusi nella regione, i quali avrebbero potuto confermare la presenza passata di tribù ariane. Tutto ciò che vi trovarono furono reperti risalenti all'antica Grecia e all'età della pietra.

Ucraina (1943): in questa regione furono condotti degli strani esperimenti botanici, forse col tentativo di scoprire una varietà resistente di grano in grado di sfamare la popolazione del Reich durante il periodo bellico.

Spedizioni annullate

Dopo l'inizio della guerra, l'*Ahnenerbe* dovette annullare le spedizioni già programmate a causa dell'onnipresenza delle truppe inglesi. Queste includevano mete quali: Tiwanaku (Bolivia), per dimostrare che gli unici fautori di quelle costruzioni meravigliose non potevano essere altro che gli antichi emigranti ariani; Behistun (Iran), per studiare l'origine ariana degli iraniani, attribuita a delle incisioni ritrovate sulla cima di una ripida parete ordinata dallo Scià Dario I; le Isole Canarie, secondo le leggende abitate un tempo da uomini con i capelli biondi, in cui erano state ritrovate mummie con le stesse caratteristiche; l'Islanda, per analizzare le antiche fattorie, i metodi architettonici e le loro tradizioni popolari.

La "Porta del Sole" a Tiahuanaco

Esperimenti umani

Gli esperimenti sugli esseri umani furono la pratica peggiore compiuta dall'*Ahnenerbe*: sperimentavano il tempo di sopravvivenza di un uomo nell'acqua ghiacciata, testavano nuovi farmaci e così via. Fu persino richiesta una collezione di teschi ebrei per facilitare le misurazioni relative alla razza. In seguito a questi esperimenti, l'*Ahnenerbe* fu considerata un'organizzazione criminale e Wolfram Sievers fu condannato a morte durante il processo di Norimberga. Si racconta che si intonò un canto rituale tibetano sul suo corpo defunto.

Si è parlato molto dell'*Ahnenerbe* e sono state diffuse le più strane teorie cospiratorie sia attraverso il web che qualche articolo scadente sull'esoterismo. Si discostano molto dalla realtà e raccontano storie di vampiri nazisti, Übersoldaten e universi paralleli. Tra queste la più rispettabile si trova in Indiana Jones di Steven Spielberg, quando ritrae dei soldati tedeschi bramosi d'afferrare l'Arca dell'Alleanza e il Santo Graal.

Il Castello di Wewelsburg

Il Castello di Wewelsburg risale all'epoca rinascimentale ed è situato nella Renania Settentrionale-Vestfalia in Germania, vicino alla città di Paderborn. La superficie del castello è triangolare e risale agli inizi del XVII secolo, sebbene qualche fortezza sia stata costruita nella stessa zona intorno al IX secolo. Vale la pena ricordare che durante il XVII secolo molte donne furono imprigionate nelle segrete con l'accusa di stregoneria, in seguito torturate e bruciate al rogo.

Il Castello di Wewelsburg

Nel 1934 il Reichsführer delle SS Heinrich Himmler firmò un contratto di affitto del castello valido per 100 anni, alla simbolica cifra di un marco tedesco all'anno, con l'intento di ristrutturarlo e adibirlo a una scuola per i dirigenti nazisti (*SS-Führerschule*). Inizialmente i lavori furono affidati ai volontari del Reichsarbeitsdienst, in seguito sostituiti dalla forza lavoro di un campo di concentramento vicino. Le stanze portavano il nome di Graal, Re Artù e altri nomi con riferimento a temi mitologici; gli ospiti avevano accesso a una grande sala da pranzo, all'auditorium, alla libreria e persino a un laboratorio fotografico.

L'istruzione prevedeva diversi settori di studio, tra cui ideologia, storia antica, archeologia, mitologia e astronomia. Nonostante la fine della guerra fosse già prossima, Himmler aveva pensato di costruire un planetario e di assumere un astronomo per insegnare ai quadri d'alto rango delle SS chi fossero i veri studenti. Più tardi l'insegnamento si orientò maggiormente verso una speciale tecnica esoterica, la quale comprendeva il culto ancestrale (vedi *Ahnenerbe*), lo studio delle rune, altre teorie razziali e la venerazione della natura. Questa formazione aveva come obiettivo la pratica di un culto pagano nuovo e misterioso, basato sulla leggenda del Santo Graal e dei Cavalieri della Tavola Rotonda. A questo scopo inventarono dei rituali in chiave riadattata, con l'aiuto iniziale di Karl Maria Wiligut, noto all'interno delle SS per la sua reputazione e per la sua salute mentale discutibile.

I rituali comprendevano i matrimoni delle SS, la maggior parte delle antiche feste pagane come la Yule e i solstizi d'estate e d'inverno. Himmler, appassionato del libro gli *Esercizi Spirituali* di Ignazio di Loyola, praticava probabilmente la meditazione con i suoi generali d'alto grado (*Obergruppenführer*), sebbene non vi siano prove certe eccetto la testimonianza del generale SS Walter Schellenberg al processo di Norimberga, il quale descrisse un programma composto da "pratiche spirituali ed esercizi di meditazione".

La parte più esoterica del castello era la Torre Nord, rimasta intatta persino dopo le esplosioni alla fine della guerra; si diceva infatti che contenesse "energie magiche molto potenti". La Torre fungeva da centro spirituale del mondo ariano in tutte le città adiacenti al castello, che in seguito avrebbero subito delle drastiche modifiche come dimostrato dalle cianotipie ritrovate nel dopoguerra. Nella Torre Nord vi era una stanza in pietra chiamata *Obergruppenführersaal* (Stanza dei Generali SS) con un pavimento intarsiato raffigurante il simbolo della Ruota Solare, formato da svastiche intersecate tra loro e rune Sig (rune della vittoria). In seguito, la Ruota Solare assunse il nome di Sole Nero (*vedi capitolo "Il Sole Nero"*). Alle pareti erano appesi gli stemmi dei generali e nel mezzo della stanza vi era una tavola rotonda in legno di quercia, simile a quella di Re Artù, per i dodici generali superiori delle SS. Nella cripta sottostante, chiamata anche "Terra dei Morti", vi erano altrettante dodici urne destinate a contenere le ceneri dei generali defunti. La *Obergruppenführersaal* fu utilizzata solo una volta nel 1941 prima dell'Operazione Barbarossa, ovvero l'attacco alla Russia.

Nel 1938 Himmler aveva richiesto di disporre di una cassaforte, di cui sarebbero stati a conoscenza solamente lui e il comandante del castello. Con altrettanta segretezza tutti gli anelli d'onore (*Totenkopfring*, gli anelli col teschio) dei defunti delle SS dovevano essere riconsegnati in un santuario all'interno del castello.

A causa dell'avanzata alleata, in particolare della US Army, il 31 marzo 1945 commando delle SS ricevette l'ordine di distruggere il castello e di nascondere tutti gli anelli d'onore in un luogo segreto nelle montagne circostanti. Nonostante l'entusiasmo di generazioni di cacciatori di tesori, gli anelli risultano ancora introvabili.

Il progetto Hexen

Nel 1935 il Reichsführer delle SS Heinrich Himmler decise di creare una squadra di ricercatori con l'incarico di raccogliere informazioni riguardanti la persecuzione delle streghe e i relativi processi nelle varie epoche. I suoi uomini condussero ricerche non solo in Germania, ma anche in altri Paesi. Lavoravano generalmente sotto copertura in librerie e archivi tedeschi, fingendo di essere alla ricerca dei propri antenati. I 38.846 dossier erano conservati nella *Hexenkartothek* (una libreria dedicata ai documenti sulle streghe) e contenevano informazioni circa le ragioni della reclusione di una strega, i dettagli dei processi e i metodi di tortura a cui era stata sottoposta.

L'obiettivo di questi dossier era dimostrare il coinvolgimento malvagio della chiesa cattolica e persino di un complotto ebreo pronto a distruggere i culti germanici antichi. La religione cristiana aveva presumibilmente combattuto contro i rituali pagani antichi nei loro luoghi più sacri, ad esempio il famoso Externsteine vicino al Castello di Wewelsburg, nel quale si compivano riti antichi sin dai tempi più remoti. Le sacerdotesse e i sacerdoti pagani venivano bruciati al rogo perché considerati streghe e stregoni. Fino al XVII secolo i sotterranei dell'amato castello di Himmler erano adibiti a luogo di prigionia delle persone sospettate di essere "streghe e lupi mannari".

Tra i Paesi europei, la Germania fu quello che uccise il maggior numero di presunte streghe; se ne contano decine di migliaia. I genealogisti delle SS comunicarono a Himmler che tra i suoi antenati vi era una strega che venne bruciata al rogo. Più tardi i Fratelli Grimm contribuirono con le loro fiabe a creare la leggenda della persecuzione delle streghe.

Fino al 1944 furono condotte ricerche sulla persecuzione delle streghe, nonostante la guerra in atto e l'avanzata delle forze alleate sia da est che da ovest. L'ultimo ordine correlato a questa ricerca occulta, ordinato da Himmler alla sua squadra nel 1944, fu il tentativo di dimostrare che Von Stauffenberg, il principale fautore dell'attentato a Hitler, aveva tra i suoi antenati delle streghe persecutrici.

Luzernerchronik, Cronistoria di Shilling da Lucerna (1513), raffigurante una donna tra le fiamme a Willisau (Svizzera) nel 1447

Alla fine tutte le pubblicazioni in programma e i libri sul tema non furono mai completati. Ciò che rimane di questa incredibile ricerca del XX secolo sul tema dell'occulto sono i dossier dell'Hexenkartothek: oggi i documenti originali sono conservati a Poznań (Polonia), mentre le copie possono essere viste sotto forma di microfilm al Bundesarchiv (Archivio di Stato) a Berlino.

Tuttavia, non suscitano l'interesse degli studenti di oggi, forse perché non furono catalogati secondo i migliori metodi scientifici.

Questi fatti sono reali e trovano le loro radici più profonde nell'occulto, ma non si deve pensare che Himmler volesse pronunciare degli incantesimi contro gli Alleati. Il suo obiettivo era semplicemente dimostrare il complotto ebreo-cristiano contro gli antichi ariani.

Hitler e la magia

Molti testi trattano il tema dello pseudo-esoterismo, fornendo l'ipotesi di ripiego secondo cui Hitler fosse disceso da una stirpe malvagia. Si racconta sia stato una creatura di Satana, che abbia venduto la sua anima al Diavolo, che abbia affrontato i "Superiori Sconosciuti" della Shambala e gli extraterrestri di Aldebaran, etc. Molte di queste dichiarazioni facevano parte della propaganda alleata e avevano l'obiettivo di screditarlo. Alcuni dicevano persino che fosse coinvolto in pratiche sessuali anormali, tra cui la BDSM e simili. Tuttavia, la verità si rivela sempre più curiosa della fantasia, come il caso di un libro appartenente alla biblioteca privata di Hitler.

Nella primavera del 1945, la 101ª Divisione aviotrasportata trovò la biblioteca di Hitler imballata in alcune casse e nascosta in una miniera di sale vicino a Berchtesgaden. Vi erano solamente 3.000 dei più di 16.000 libri che si pensava possedesse in luoghi diversi. Agli inizi degli anni '50 i libri furono spediti alla Biblioteca Nazionale degli Stati Uniti.

Gli autori più accreditati, tra cui Nicholas Goodrick-Clark, escludono oggi l'idea che Hitler fosse realmente interessato o coinvolto nell'occultismo. Tuttavia, vi sono alcuni libri occulti ed esoterici nella raccolta di Hitler, di autori quali: Adamant Rohm, un "dottore magnetopatico"; Carl Ludwig Schleich, un medico berlinese che propose l'anestesia locale e Joseph Anton Schneiderfranken, detto Bô Yin Râ, scrittore di un libro sulla reincarnazione. Il libro più curioso e il più ricco di sottolineature è senza dubbio *Magia: Storia, Teoria, Prassi* (1923), di Ernst Schertel.

Ernst Schertel, uno dei primi sostenitori del movimento nudista tedesco degli anni '20, trattò temi connessi alla magia, ai demoni, all'erotismo, al sadomasochismo e alla flagellazione.

L'autore dedicò una copia del suo libro ad Adolf Hitler e gliela spedì nel 1923. Il fatto fu reso noto solo nel 2003, in un articolo pubblicato sul *The Atlantic Monthly* di Timothy Ryback, l'autore di *La biblioteca di Hitler. Che cosa leggeva il Führer.*

Tra i vari passaggi sottolineati da Hitler, si trova il seguente: "Il falso è necessario per riconoscere la verità.", "Colui che non possiede il seme diabolico non darà mai alla luce un mondo magico", "Satana è l'origine...".

Come "premio", Ernst Schertel fu inviato in un campo di concentramento, costretto ad abbandonare il dottorato per tutto il periodo bellico. Questa non potrebbe essere una prova del coinvolgimento di Hitler o almeno del suo interesse per l'occulto? Hitler lesse molti libri durante la sua vita e se fosse mai stato interessato all'occulto sarebbe stato più probabile nei primi anni trascorsi a Vienna in quanto lettore abituale della rivista occulta nazista Ostara. Durante la sua vita, e persino nel *Mein Kampf*, prese in giro Himmler e la sua passione per astrologi, medium e tutte quelle "sciocchezze occulte".

Odino e l'archetipo ariano

Infine s'intende menzionare il famoso psicoanalista svizzero Carl Gustav Jung e il suo interesse esoterico per le spiegazioni archetipiche del nazismo, poiché strettamente correlate a un modello semireligioso. Pertanto, non c'è da meravigliarsi che per un certo periodo Jung avesse mantenuto una fitta corrispondenza con Miguel Serrano, il diplomatico nazista cileno, conversando di psicologia e altri temi più esoterici circa la teoria degli archetipi.

Nel suo saggio intitolato Wotan nella *Neue Schweizer Rundschau*, pubblicato per la prima volta nel 1936 a Zurigo, Jungs tratta il tema del nazismo in Germania e suggerisce che "Forse potremmo riassumere il fenomeno generale con il termine *Ergriffenheit*, ovvero l'essere catturato o posseduto. Il termine postula non solo un *Ergriffener* (colui che viene catturato), ma anche un *Ergreifer* (colui che cattura). Odino è un Ergreifer di uomini e, se si desidera sconfiggere Hitler – desiderio realmente espresso – Odino è l'unica vera via".

Wotan (Odino), il Re Norreno

Inoltre, nel libro *Sole Nero*, Goodrick-Clarke scrive come Carl Jung mostrasse "Hitler come posseduto inconsciamente dall'archetipo dell'ariano comune e incapace di sottrarsi dall'obbedire ai comandi della sua voce interiore". Spesso Hitler parlava della sua "voce interiore" e della Provvidenza che lo aiutava durante i momenti difficili della vita.

Carl Jung considerava Hitler come un archetipo, che spesso si manifestava escludendo completamente la propria personalità. "Hitler è una fonte spirituale, una semi-divinità, anzi ancora meglio: un mito. Benito Mussolini è un uomo...il messia della Germania che insegna la virtù della spada. La voce che sente appartiene all'inconsapevolezza collettiva della sua razza". Ciò riconduce a tutte le teorie parallele narrate da autori meno accreditati che lo credono in possesso di Poteri Superiori.

I segreti nazisti

I MITI DEL DOPOGUERRA

Esistono solamente pochi libri rispettabili sull'occultismo nazista.

Le fonti affidabili su questo tema si trovano principalmente e quasi esclusivamente nel libro *Le radici occulte del nazismo* di Nicholas Goodrick-Clarke e nel libro *Il mito polare. L'archetipo dei poli nella scienza, nel simbolismo e nell'occultismo* di Joscelyn Godwin. Essi affrontano la questione da un punto di vista accademico, tuttavia hanno il merito di tracciare una linea tra i fatti storici e le fantasie, o forse dovremmo definirle vere e proprie menzogne raccontate da ciarlatani imbroglioni con l'intento di far soldi velocemente.

Siamo convinti che coloro realmente interessati all'esoterismo nazista meritino la verità e che preferiscano vedere sfatato definitivamente il mito a cui credono tutti piuttosto che perdere tempo in ricerche inutili. Citando Sagan: "La domanda non è se ci piace o meno la conclusione che scaturisce da una serie di ragionamenti, ma se la conclusione deriva dalla premessa o dal presupposto e se questa premessa corrisponde al vero". Nell'articolo *La base antartica di Hitler: il mito e la realtà*, Colin Summerhayes, dello Scott Polar Institute, sintetizza perfettamente: "L'onere della prova dovrebbe ricadere sulle spalle di coloro che fanno le affermazioni. Non basta proporre un'idea e poi sostenere che le ipotesi non siano verificabili a causa dell'occultamento delle prove correlate".

Il nazismo è pertanto all'origine di numerosi miti moderni perché contiene molte delle caratteristiche necessarie alla loro diffusione. Innanzitutto, quando i russi raggiunsero il bunker di Hitler...lo trovarono vuoto. L'unica persona considerata l'incarnazione del Diavolo sulla Terra era scomparsa all'ultimo momento, dando così origine a una serie di teorie circa la sua sopravvivenza, tanto che persino l'FBI e il KGB continuarono a investigare sulla questione per molti anni dopo la fine della guerra.

Gli Alleati scoprirono l'orrore dei campi di concentramento e dovettero affrontare qualcosa che non avrebbero mai creduto possibile nel XX secolo, soprattutto in Germania, nota per la sua fama di Paese altamente civilizzato. Perché questo massacro? Perché questo desiderio di sterminio così barbaro e spietato? Perché il regime nazista diede priorità ai convogli ferroviari per gli ebrei nonostante la guerra stesse per finire, proprio quando la Germania aveva maggiormente bisogno di trasporti per bloccare l'avanzata delle truppe alleate? Qual era il programma segreto celato dietro questa situazione?

Dodici anni di era nazista sono da considerarsi una breccia nel tessuto della storia moderna. I nazisti seguivano regole completamente diverse da quelle del resto del mondo civilizzato e lo stesso vale per le filosofie, gli obiettivi e la visione della vita umana e della storia. Sebbene Pauwels e Bergier narrarono molte storie infondate sul nazismo, formularono una perifrasi pertinente all'epoca, nominandola l'Altrove Assoluto.

Il mattino dei maghi

Il mattino dei maghi è un libro scritto da Pawels e Bergier nel 1960 in Francia. Presto divenne un best seller e venne in seguito tradotto in molte lingue. Il contenuto del libro era composto principalmente da storie che, in quanto tali, non si fondavano su fatti storici e scientifici.

Pauwels e Bergier affrontarono diversi temi tra cui antichi astronauti, spiritismo, reperti fuori posto, e dedicarono una sezione intera all'esoterismo nazista. Quando presentarono questa "breccia nel tessuto della storia" scoprirono l'esistenza sin dai primi anni '30 dei loro precursori, per lo più libri francesi che associavano Hitler a delle forze diaboliche o persino alla reincarnazione del Diavolo.

Pauwels e Bergier unirono inconsciamente fatti reali dell'epoca nazista e vere e proprie fantasie create dalla loro immaginazione. Menzionarono Hörbiger e le sue teorie oggi ben note sul Ghiaccio Cosmico, le sue lune cadenti e il conseguente affondamento di Atlantide, la Teoria della Terra Cava, la Società Thule e l'immancabile Società Vril.

Così come in questo libro sono citate le opinioni di alcuni esperti in materia, Pauwel e Bergier inventarono una vita completamente diversa per il Professore Haushofer, presunto membro della società segreta giapponese del Drago Verde. Si racconta che commissionò ai giapponesi un rituale hara-kiri per porre fine alla sua vita dopo la fine della guerra, proprio come avrebbe promesso ai suoi iniziatori asiatici.

Gli autori parlarono inoltre della presenza di tibetani defunti trovati tra le rovine di Berlino nel 1945, i quali indossavano uniforme tedesca senza alcuno stemma. Tuttavia non esiste alcuna prova storica di questo fatto; nella migliore delle ipotesi potrebbero essere stati ingannati dalla partecipazione documentata di volontari stranieri provenienti dall'Asia Centrale, "liberata" dal regime stalinista dai nazisti.

Volontari asiatici del Turkestan nell'armata tedesca (Normandia)

Infine, ne *Il mattino dei maghi* compaiono citazioni del libro di Rauschning *Cosi' parlo' Hitler*, parlandone come se si trattasse della Bibbia; si focalizzano nuovamente sul fatto ormai risaputo che Hitler sentisse delle voci e si svegliasse la notte gridando e indicando terrorizzato un angolo vuoto della stanza urlando "Là, là, nell'angolo!".

Secondo gli studiosi contemporanei il libro di Rauschning è una farsa. Hänel, uno svizzero che ha studiato dettagliatamente il suddetto libro, propone le seguenti osservazioni:

• L'affermazione di Rauschning di aver incontrato Hitler "più di cento volte" è falsa, poiché in realtà i due si incontrarono solo quattro volte, e mai da soli.

• Alcune parole attribuite a Hitler si sono ispirate semplicemente ad altre fonti, tra cui gli scritti di Ernst Jünger, di Nietzsche e dell'autore francese Guy de Maupassant con la novella *Il Horla*.

Hermann Rauschning (1887 – 1982)

M. Emery Reves, l'editore della versione originale francese di *Cosi' parlo' Hitler*, sosteneva che nel 1939 Rauschning gli commissionò il libro con un anticipo di 125.000 Franchi e insieme scelsero le storie inventate su Hitler da scrivere nel libro.

Oggi il libro di Rauschning non viene più citato dagli storici. Questo è il caso dello scrittore della migliore biografia di Hitler, Ian Kershaw, il quale affermò: "Non ho mai citato *Cosi' parlo' Hitler* di Hermann Rauschning, uno scritto di così poco autentico che si farebbe meglio a ignorare del tutto".

Il tesoro mistico delle SS

Il tesoro delle SS è un Grande Segreto secondo Saint-Loup, un autore francese di molti libri sulla storia dei volontari francesi delle SS. Saint-Loup è lo pseudonimo di Marc Augier, un collaborazionista francese e soldato nella divisione SS francesa *"Charlemagne "* (Carlo Magno).

Saint-Loup in uniforme tedesca nel 1942 a Smolensk

In molti dei suoi libri, Saint-Loup descrive le SS come un ordine nobile, molto simile a una versione moderna dei Cavalieri Teutonici, tralasciando ovviamente le atrocità compiute durante la seconda guerra mondiale.

Saint-Loup conferisce loro un'aura di eroismo e le descrive come i guardiani della razza ariana in un mondo postbellico "decadente". Le SS suscitano così tanto interesse perché sono in possesso del Grande Segreto della razza ariana, l'unico in grado di salvare la razza bianca dall'estinzione.

Secondo Saint-Loup, il Grande Segreto fu inciso nel XIII secolo su delle tavole in pietra dai Catari, precisamente in Francia all'epoca della caduta del castello di Montségur. Si tratta dell'equivalente ariano delle tavole in pietra sulle quali Mosè scrisse i Dieci Comandamenti, eccetto il fatto che gli ebrei tentarono di custodirle e di comprenderle, mentre gli ariani non conoscono il loro contenuto.

Le tavole ariane furono presumibilmente trovate da Otto Rahn prima della seconda guerra mondiale e nascoste nelle montagne vicine a Montségur, nei Pirenei francesi. Otto Rahn era uno studioso di lingue latine e letteratura e al tempo stesso un collaboratore delle SS che faceva riferimento direttamente all'Ahnenerbe e al Reichsführer Heinrich Himmler. Rahn riportò le tavole in Germania e dopo qualche tempo fu ritrovato morto congelato nelle Alpi bavaresi, nonostante fosse un eccellente scalatore.

La Zillertal nel 1898

Quando gli Alleati serrarono le file nel Ridotto Alpino, Saint-Loup afferma che il 2 maggio 1945 un'unità speciale delle SS costituita da ufficiali di diverse nazionalità europee si riunì in Tirolo

(Austria) al crocevia Innsbruck-Salisburgo e Gmünd-Zell am Ziller.
Il giorno precedente, tre degli ufficiali di alto grado (un francese,
un norvegese e un americano, ebbene sì, vi erano alcuni americani
nelle SS) furono probabilmente portati in Tibet da un aereo a lungo
raggio atterrato sull'autostrada Monaco-Salisburgo.

La parte restante dell'unità SS era in attesa di qualcosa di davvero
importante e per questo motivo vennero prese tutte le misure
necessarie per difendersi dall'avanzata delle forze alleate. Alla fine,
un convoglio speciale proveniente da Berchtesgaden consegnò
all'unità SS una cassa di piombo. L'intenzione era quella di
scaricare la cassa in cima al ghiacciaio situato nella Zillertal; la
cassa conteneva le tavole tramandate dai Catari, le quali
riportavano un messaggio puramente pagano indirizzato alle
generazioni ariane future. Si sperava che la cassa scendesse lungo
la vallata fino al ghiacciaio e infine ricomparisse tra il 1990 e il
1995.

Il segreto contenuto nella cassa di piombo era così importante da
dover essere letto da tutti gli ariani. In caso contrario l'intera razza
bianca sarebbe stata destinata alla distruzione.

Secondo Saint-Loup il segreto era il seguente: gli ariani dovevano
sempre seguire la sacra regola di non mischiare il loro sangue con
le "razze inferiori", al fine di non essere eliminati dalla Terra.
Questa convinzione gnostica e manicheistica prevedeva che tutti gli
individui non-bianchi e soprattutto gli ebrei erano da considerarsi
malvagi.

Le armi miracolose di fantasia

Le vere armi miracolose tedesche erano così all'avanguardia sulla loro epoca tanto che sembravano provenire dal futuro. Tuttavia, questo non è un buon motivo per inventare storie su queste armi, le quali appaiono non solo ridicole nella loro concezione, ma anche del tutto disoneste nella loro natura.

Die Glocke - Una delle invenzioni post belliche più strane e fraudolente è sicuramente Die Glocke (La Campana). Igor Witkowski, un giornalista polacco, pubblicò nel 2000 il libro *Prawda O Wunderwaffe* (*La verità sulle armi miracolose*), nel quale afferma di aver avuto accesso ai documenti segreti delle SS riguardanti la sedicente esistenza della Glocke.

Come spesso accade con fantasie di questo tipo, Witkowski non nomina la fonte dei servizi segreti polacchi che gli ha fornito l'informazione "per ovvie ragioni di sicurezza". Il tutto non ha però scoraggiato l'autore britannico Nick Cook dall'utilizzare seriamente questo materiale fantasioso come verità storica nel libro *The Hunt for Zero Point* (*La ricerca del Punto Zero*), raggiungendo la smania di credere a qualunque cosa degli appassionati di fantascienza.

Ciò spinse Joseph P. Farrell a usare le affermazioni di Witkowski per riaccendere l'interesse, ormai in calo, che i lettori iniziavano a mostrare nei confronti del guazzabuglio occultista sul nazismo. È strano che tutti questi autori americani si siano presentati dicendo "noi abbiamo le informazioni segrete" e abbiano dovuto aspettare l'arrivo di un giornalista polacco sconosciuto per rilasciare le prime rivelazioni sulla Glocke. Nessuno di questi autori si preoccupa di condividere le sue fonti, né si trattiene dall'inventare storie fantascientifiche (il gioco del "Cosa accadrebbe se...").

Die Glocke fu presumibilmente inventato dagli scienziati nazisti, aiutati dai prigionieri ebrei, come un modo per viaggiare attraverso il tempo e lo spazio impiegando la scienza antigravitazionale.

Il Henge in Polonia

Il velivolo fu costruito negli impianti sotterranei del Der Riese, complesso realmente esistito come sopraccitato, ed "era costituito da un metallo molto pesante e duro, approssimativamente di 9 metri di larghezza e 12-15 di altezza, con una forma simile a una grossa campana". L'effetto antigravitazionale era assicurato da due cilindri rotanti in verso opposto, contenenti una sostanza simile al mercurio.

Witkowski sostiene che le rovine in metallo e cemento armato in Polonia, chiamate "Henge", vicine alle miniere di Wenceslas, sarebbero servite come piattaforma di atterraggio per la sperimentazione della Glocke. Infatti, simili strutture possono ritrovarsi in luoghi vicini nella stessa regione polacca, tuttavia non sono altro che torri di raffreddamento di centrali elettriche.

La parte divertente è che nessuno di questi scrittori concorda sul finale della storia. Farrell sostiene che i nazisti abbiano ucciso non meno di 60 scienziati che avevano contribuito al progetto.

Witkowski afferma che Die Glocke sia finito in Sudamerica; mentre Cook che ne siano entrati in possesso gli americani. Vi sono persino canali TV che drammatizzano queste versioni e mostrano

72

Die Glocke incatenato al Henge, mentre tenta di volare via in un esperimento simile a quelli del Dr. Male.

Torre di raffreddamento a Siechnice, Polonia. Suona la campana?

Ancora una volta il diabolico Generale delle SS Hans Kammler fa parte della trama e, secondo le diverse versioni della storia, si dice che abbia negoziato con gli americani oppure che sia letteralmente scomparso dalla faccia della Terra...o dalla nostra realtà spaziotemporale.

Strahlkanone - All'epoca esisteva almeno un progetto ideato per inviare un raggio di luce letale contro le forze alleate, qualcosa che oggi potremmo denominare "cannone a laser". Non si hanno a disposizione informazioni precise riguardanti il misterioso progetto; si è solo a conoscenza del fatto che un certo Professore Ernst Schiebold di Lipsia riuscì a ottenere dei fondi dal governo nazista per realizzare questa incredibile arma miracolosa. La sua segretaria testimoniò alla televisione tedesca la veridicità del progetto, ma ammise di non aver mai avuto il permesso di accedere al bunker in cui avevano luogo le sperimentazioni. Quando il progetto venne interrotto...nessuno sentì più parlare del Professore Schiebold.

Presunta fotografia di un progetto simile: un Schallkanone
("cannone sonoro")

Non si tratta del tipico caso di un'autentica "arma miracolosa di fantasia", tuttavia manca la documentazione necessaria per distinguere la realtà dalla finzione. Ad ogni modo è abbastanza atipica per appartenere alla categoria delle armi miracolose che fallirono nel tentativo di ribaltare le sorti della guerra contro gli Alleati, in quanto erano prototipi o progetti allo stadio iniziale.

Gli UFO nazisti – Nella tradizione web, fantascientifica, delle teorie cospiratorie, dei romanzi e dei fumetti circolano dichiarazioni infondate sul Terzo Reich, secondo le quali riuscì in qualche modo a produrre dei dispositivi volanti futuristici, molto più avanzati rispetto alle conoscenze scientifiche di quell'epoca. I cosiddetti UFO nazisti avevano persino dei nomi: *Rundflugzeug, Feuerball, Diskus, Haunebu, Hauneburg-Geräte, V7, VRIL, Kugelblitz, Andromeda-Geräte, Flugkreisel, Kugelwaffen, Reichsflugscheiben.* Diversi progetti di questi dispositivi possono essere trovati su internet, tutti forniti di "fonti naziste originali" in tedesco…giusto per aggiungere un tocco realistico.

Le fantasie sugli ufo nazisti derivano principalmente da tre presupposti:

1- i presunti obiettivi ed i risultati dell'effettiva spedizione antartica tedesca in Nuova Svevia nel 1938-1939; Colin Summerhayes dello Scott Polar Institute smentisce scientificamente tutte le dichiarazioni dell'esistenza di basi tedesche in Antartide (*vedi capitolo sulla Spedizione Antartica 1938-1939*).

2- i grandi progressi compiuti in campo missilistico e le presunte scoperte del Dottor Viktor Schauberger nello sviluppo di nuovi mezzi di propulsion, ad esempio il famoso motore a implosione "Repulsin". Tuttavia, alcuni scienziati hanno dimostrato che il motore a repulsin non era altro che una turbine ad acqua, sulla quale Schauberger stave lavorando per raffreddare i motori degli aerie negli impianti della Messerschmitt.

Il dispositivo Repulsin

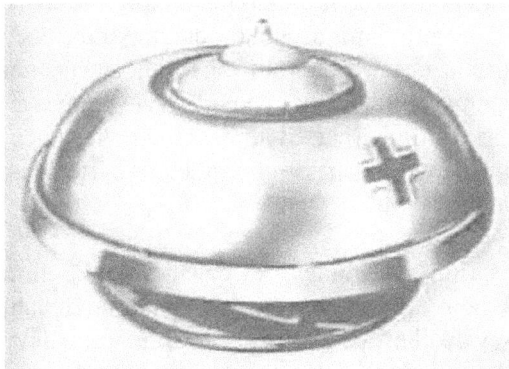

Il Repulsin compare a volte con una croce della Luftwaffe

3- gli avvistamenti dei cosiddetti "Foo Fighters", presunte armi segrete tedesche destinate a importunare gli aerei attraverso interruzioni/perturbazioni elettromagnetiche. Sebbene fossero reali, i piloti tedeschi furono testimoni degli stessi fenomeni e si chiesero da dove provenivano e di cosa poteva trattarsi.

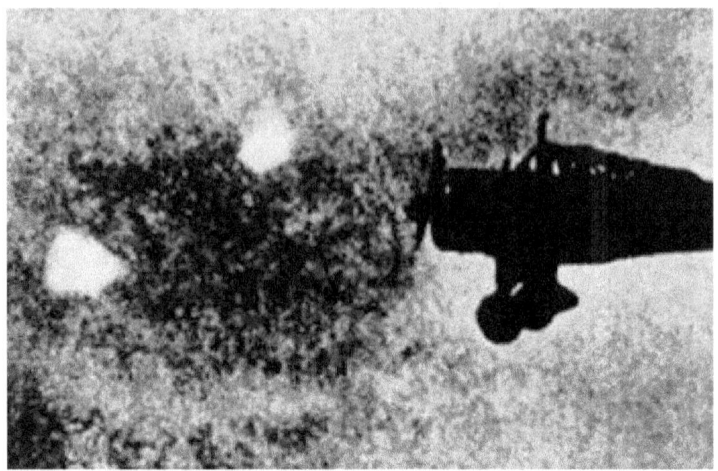

Rara immagine di un Foo Fighters in volo vicino a un aereo alleato

Sfortunatamente per gli appassionati di queste storie misteriose, esistono solo libri infondati e siti internet ascientifici che trattano questo tema. A causa dell'avidità di far soldi e, nel migliore dei casi, di dimostrare le proprie dichiarazioni, gli scrittori tendono spesso a mettere insieme fatti estranei tra loro, a trarre conclusioni affrettate da eventi simili accaduti contemporaneamente o meno oppure a distanza l'uno con l'altro. Le fonti su cui si basano sono sia informazioni segrete anonime per "ovvie ragioni di sicurezza" che altri libri o siti internet. Si alimentano a vicenda e coloro che osano criticarle sono spesso considerati parte di "operazioni governative di copertura".

Alcuni dei primi avvistamenti di dischi volanti, come quello di Kenneth Arnold nel 1947, avevano persino un'andatura militare statunitense, poiché la loro forma presunta era davvero simile all'Ala Volante dei fratelli Horten. Infine si concluse che sebbene i tedeschi fossero dei precursori del loro tempo in campo aeronautico, alla fine della guerra i loro progetti non erano altro che modelli o prototipi un po' inaffidabili.

Poco più tardi Adamski, un cittadino polacco-americano, dichiarò di aver avuto incontri ravvicinati del terzo tipo, insomma, di essere entrato in reale contatto con degli individui simili a ET. I primi extraterrestri possedevano la strana caratteristica di somigliare molto agli "ariani perfetti": erano alti, biondi, con gli occhi azzurri e dichiaravano persino di provenire da Venere.

Adamski scattò persino una fotografia della loro navicella spaziale, tuttavia si dimostrò essere in seguito nient'altro che...la lampadina di un lampione. Nonostante questa scoperta, l'immagine è stata utilizzata più volte su internet come esempio dei cosiddetti ufo nazisti, a volte digitalizzata in modello 3D riportante la croce della Luftwaffe.

I primi collegamenti tra ufo e nazismo sono opera del professore italiano Giuseppe Belluzzo, scienziato e Ministro dell'Economia Nazionale durante il Governo Mussolini. Nel 1950 dichiarò che "nel 1942 Germania e Italia progettarono e studiarono dei dischi volanti".

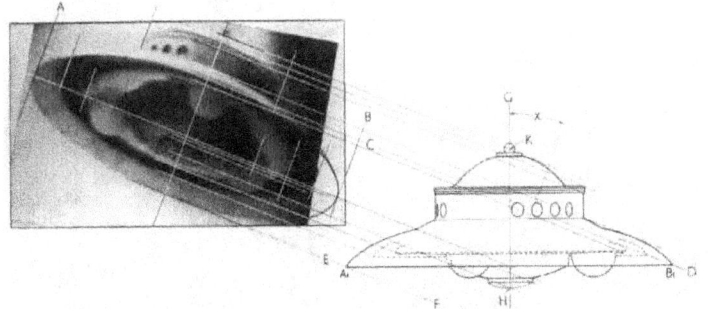

L'ufo di Adamski, rivelatosi essere un lampione (a sinistra)
e un ufo nazista (a destra)

Più tardi sono susseguite altre dichiarazioni, secondo cui le fabbriche sotterranee della FIAT, situate principalmente nei tunnel estesi nelle vicinanze del Lago di Garda in Italia, erano destinate alla produzione di ufo nazisti. Il responsabile della diffusione di queste storie è l'italiano Renato Vesco, il quale affermò di aver studiato in un Istituto Aeronautico tedesco e che in seguito fu discreditato a causa delle incongruità riguardanti la sua giovane età in quel periodo.

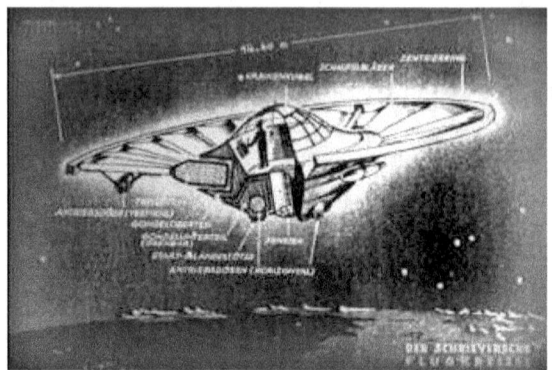

Il dispositivo volante di Rudolf Schriever in Der Spiegel (1950)

Nel 1950 la famosa rivista tedesca Der Spiegel affrontò per la prima volta il tema della possibile esistenza di ufo tedeschi e riferì le storie improbabili di Rudolf Schriever, un ex ingegnere, e dei suoi oggetti volanti tondi. Tuttavia, la storia di Schriever riportò delle discrepanze in una versione successiva risalente a un'intervista del 1952.

Vero è che alcuni prototipi mai prodotti in massa, come il Sack AS-6, avevano una forma molto simile a quella degli ufo avvistati nel dopoguerra.

Prototipo del Sack AS-6

La diffusione degli ufo nazisti è storicamente attribuita alle opere di scrittori come Jan van Helsing, Norbert-Jürgen Ratthofer e Vladimir Terziski, i quali riuscirono a diventare i miti degli anni '80/'90 basati sul saggio *Il mattino dei maghi* (1960). Gli scrittori scambiarono le informazioni relative alla società Thule e Vril, inventarono le donne Vril (tra le quali la famosa Maria Orsitsch), le quali ebbero presunti contatti con alieni provenienti dal sistema stellare di Aldebaran, grazie ai loro capelli lunghi che fungevano da antenne. Grazie a questi contatti e al ritrovamento di un ufo precipitato nella Foresta Nera nel 1936, avrebbero progettato la tecnologia aliena, per produrre tutte le macchine volanti che si trovano oggi nei cieli antartici.

Alcuni di questi scrittori seguirono persino programmi politici di destra e si unirono all'onda di occultismo nazista iniziata da Pauwels e Bergier all'inizio degli anni '60. Questo è il caso particolare del Circolo di Vienna, di cui si è già parlato con Wilhelm Landig. D'altra parte, Ernst Zündel, un famoso rinnegatore dell'Olocausto, ammise in un'intervista di aver usato le fantasticherie sugli ufo per attirare l'attenzione sui suoi libri e le sue convinzioni. Tentò persino di organizzare un viaggio in Antartide al costo di 9.999 dollari a persona per localizzare l'ingresso della Terra Cava; tuttavia il progetto non venne realizzato. Infine, estremisti di destra come Miguel Serrano sembrano credere realmente alle proprie storie, contribuendo largamente alla creazione del sottogenere nazista degli avvistamenti ufo e dell'esoterismo delle SS.

Nella cultura popolare troviamo alcune opere innocue come il libro *Razzo G.2*, di Robert Heinlein (1947); si trattava di un popolare libro per ragazzi che riuscì a richiamare l'attenzione del pubblico per aver descritto, tra le diverse avventure, una base nazista sulla Luna. Analogamente, la recente commedia fantascientifica *Iron Sky* (2012) mette in scena dei nazisti vendicativi che vivono sul lato oscuro della Luna, pronti a riconquistare la Terra e fondare il Quarto Reich.

L'autore di questo libro non può far altro che riferire umilmente uno strano episodio, non confermato da altre fonti, raccontatogli da un amico. Il nonno di questo amico era uno dei primi aviatori francesi che sorvolarono e bombardarono il territorio tedesco ancora prima che vi misero piede le truppe di terra. Il nonno raccontò all'amico, allora sedicenne, di aver visto degli aerei o delle "astronavi" appartenenti ad "altri mondi" nei campi d'aviazione tedeschi, cose che non aveva mai visto prima in tutta la sua vita. Aggiunse che ne aveva visti molti e che si era spaventato molto perché la propaganda alleata aveva promesso di sconfiggere ben presto il Terzo Reich. Aveva scattato diverse fotografie di quelle "macchine" e le aveva riportate debitamente nel suo diario di bordo. Dopo la guerra, negli anni '70, mostrò le immagini al nipote.

Quando suo nonno morì, nessun familiare ritrovò quelle fotografie. Erano semplicemente scomparse. Potrebbe essersi trattato di un'azione dei servizi segreti francesi?

Vale la pena citare la paura di suo nonno nel 1989, quando vide in televisione la caduta del muro di Berlino. L'intera famiglia stava esultando con gioia di fronte al successo della libertà, mentre lui restava in piedi davanti alla televisione, pallido e spaventato, sussurrando sbalordito: "Oh no! Sta ritornando!".

Il progetto Amerika Bomber - Il progetto Amerika Bomber era un piano tedesco ideato per bombardare il suolo americano, in particolare New York, grazie all'impiego di un bombardiere a lungo raggio in grado di ritornare al sicuro in patria. Infine il progetto venne abbandonato a causa dei costi troppo alti e dell'alto consumo di risorse rispetto al carico esplosivo relativamente contenuto, trasportabile nella traversata dell'Atlantico.

La possibilità di sganciare una bomba nucleare avrebbe conferito più credibilità al progetto, ma avrebbe comportato un impiego ancor più maggiore di tempo e risorse. I tedeschi studiarono la fissione atomica e utilizzarono l'acqua pesante proveniente dalla Norvegia per i loro esperimenti, tuttavia la gestione delle ricerche era affidata a più amministrazioni, rendendo praticamente impossibile al comando supremo la raccolta di prove convincenti per la sua attuabilità.

Nel 1955 una rivista britannica chiamata RAF Flying Review (*vedi capitolo Le armi miracolose*) asserì pubblicamente che l'esamotore Ju 390 avrebbe potuto compiere un simile viaggio colpendo degli obiettivi negli Stati Uniti, partendo e ritornando da basi situate in Europa. La storia si basava su "documenti di volo tedeschi imprecisati", i quali sostenevano che l'aereo aveva sorvolato New York per un'ora; l'affermazione venne in seguito rivista e ne venne proposta una più umile, secondo cui nel tardo 1944 il Ju 390 aveva compiuto un volo di ricognizione di 32 ore, partendo da Bordeaux (Francia) e arrivando a 19 km (12 miglia) da New York. I piloti avrebbero persino scattato delle foto dello skyline di New York.

Dopo la fine della guerra, lo storico d'aviazione Dr. Kenneth P. Werrell mise in dubbio questa storia, sottolineando che le fotografie scattate dai piloti non furono mai trovate. In seguito, Werrell studiò meticolosamente tutti i dati disponibili sul raggio dello Ju 390 e concluse che una simile impresa si sarebbe rivelata praticamente impossibile.

L'esamotore Ju 390 a terra

Gli autori tedeschi Karl Kössler e Günter Ott diedero un colpo finale a questo mistero dell'aviazione nei loro libri sugli aerei Junker. Proprio come Werrell, sostenevano che il volo di ritorno non sarebbe stato fattibile, dimostrando persino che non vi fu alcun volo in cui si sarebbe visto lo *skyline* di New York. La ragione è semplice: la posizione "più vicina" per raggiungere l'America era la Francia, ma l'unica versione dello Ju 390 adatta a un simile volo (il Ju 390 V1) non si trovava su suolo francese in quel momento, bensì a Praga (Cecoslovacchia), rimanendovi dal novembre 1943 alla fine di marzo del 1944.

Gli autori tedeschi fornirono un'ulteriore ragione per dimostrare l'improbabilità dell'impresa: il prototipo Ju 390 V1 non avrebbe potuto decollare con il carico di carburante necessario per un viaggio di andata e ritorno in America. Quanto al secondo e ultimo modello dello Ju 390, chiamato Ju 390 V2, non fu completato prima dell'ottobre 1944.

Il genocidio

I primi soldati alleati che liberarono i campi di sterminio non ebbero parole per descrivere ciò che avevano visto. Si trattava di un'inconcepibile invasione di orrore e di pratiche barbarie risalenti all'era primitiva. Il confronto con le torture del Medioevo durante le inquisizioni rievoca solamente il modo in cui le vittime venivano condannate a morte, tuttavia la differenza sostanziale con la cosiddetta Età Buia fu la vastità della piaga che colpì queste vittime innocenti; se ne contarono milioni.

La maggior parte degli storici ritiene che l'accaduto sia stato la conseguenza pura e logica dell'eugenetica dell'antisemitismo, alla base dell'ideologia nazionalsocialista. Tale affermazione potrebbe essere vera, tuttavia rimane una domanda che non può semplicemente trovare risposta nel puro fanatismo nazista: Perché i tedeschi diedero la priorità ai treni che trasportavano gli ebrei ai campi di concentramento e non ai propri convogli di armi, pieni di soldati e carri armati, proprio quando le sorti della guerra si erano ribaltate e vi era disperato bisogno di risorse sul fronte russo?

Pauwels e Bergier, sebbene non fossero gli autori più accreditati, furono i primi a trattare l'argomento nel loro *Il Mattino dei Maghi*. Collegarono la Società Thule con alcune pratiche magiche che avrebbero potuto raggiungere i Poteri ed essere così consacrate per dominare il mondo protetto allo stesso tempo da tutti i pericoli possibili. Si presumeva che questo patto sarebbe durato migliaia di anni, fino alla successiva grande inondazione. In cambio, i Poteri richiedevano che ogni membro della Società Thule che commetteva un errore doveva morire per la sua stessa mano. Nella mente dei nazisti che detenevano le posizioni più alte, incaricati di commettere il genocidio, questi sacrifici sarebbero serviti per richiamare l'attenzione dei Poteri e averli dalla propria parte contro i nemici. Nella metà del XX secolo, si comportarono come i Maya nell'America precolombiana.

Nel 2003 David Brin e Scott Hampton pubblicarono *The Life Eaters* nella rivista DC Comics. Si tratta di un fumetto fantascientifico appartenente al genere della storia alternativa o ucronia. Un'ucronia sceglie sempre un punto di svolta nella storia e si pone la domanda "E se fosse andata diversamente?", come "E se Hitler avesse vinto la guerra?" oppure "E se gli Stati Confederati avessero vinto la Guerra di secessione?".

Il 6 giugno 1944, il cosiddetto D-Day, l'armata alleata, mentre tentava di approdare sulle spiagge della Normandia, venne annientata dall'attacco fulmineo degli Dei Norreni unitisi a combattere con i nazisti. Alcuni sostengono che gli antichi dei norreni siano morti insieme ai loro ultimi credenti. L'obiettivo dei nazisti occultisti è quello di resuscitarli, nutrendoli con le milioni di anime delle vittime sterminate nei campi di concentramento.

Tutte queste fantasie sono collegate direttamente agli omicidi e al genocidio e i vincitori non possono infatti comprenderle: come è stato possibile che una nazione così civilizzata come la Germania abbia potuto compiere tali crimini...se non sotto un incantesimo diabolico?

Il nazismo diventa un movimento semi-religioso

La nascita di una nuova religione richiede un mito cosmogonico della creazione, di un dio o di un profeta deificato, di un clero, di un rituale e ovviamente di seguaci in possesso di una fede abbastanza forte per il proselitismo. Si tratta di un passo davvero impercettibile e richiede un lasso di tempo molto lungo per cristallizzare tali elementi in un'affermata alchimia, rispetto ad esempio il più semplice culto del cargo sviluppatosi alla fine del XIX secolo in alcune isole dell'Oceano Pacifico, soprattutto durante e dopo la seconda guerra mondiale.

Questi ingredienti religiosi non erano tutti presenti al tempo di Gesù, ma si svilupparono nei decenni e persino qualche secolo dopo la Sua scomparsa terrena. La Chiesa Cattolica stabilì una struttura e una gerarchia attraverso i suoi vescovi; in seguito, nel 325 d.C., durante il Consiglio di Nicea indetto dall'imperatore romano Costantino, il quale agiva principalmente per ragioni politiche, si sancì il dogma e il diritto canonico. Tale processo trova dimostrazione anche in tutte le altre religioni e nei movimenti settari. Alcuni si spingono persino ad affermare che una nuova religione è solamente l'indicatore di successo di una setta nell'arco della storia.

Al suo tempo, il nazionalsocialismo non era visto come una religione, nemmeno dai sui seguaci più fanatici. Il fatto che Himmler tentò di risvegliare gli antichi credi germanici pagani non era connesso al contenuto ideologico del nazionalsocialismo. Al contrario, il periodo post-bellico vedeva l'emergere di diverse correnti esoteriche, le quali sostenevano che vi era stato molto di più del Terzo Reich rispetto a quanto studiato dagli storici.

Queste correnti esoteriche sono principalmente correlate a Savitri Devi e a Miguel Serrano, sebbene vi siano anche autori di estrema destra meno famosi, e ai movimenti neopagani che contribuirono a quelli che potremmo definire "gli sviluppi semi-religiosi del nazismo".

Savitri Devi, di origini francesi, greche e inglesi, nacque col nome di Maximiani Portas. Studiò chimica e filosofia in Francia, ottenendo la laurea a Lione. Può essere legittimamente considerata la maggiore intellettuale del dopoguerra nel campo dell'"esoterismo hitleriano", con l'obiettivo di creare un movimento religioso partendo dal nazismo. La scrittrice sostiene che la morte di Hitler nel 1945 può essere considerata come un martirio oppure come un autosacrificio volontario simile a quello di Cristo. Quando i russi entrarono nel bunker di Hitler, lo trovarono vuoto, dando inizio in primo luogo a ogni tipo di congettura sulla sua fuga e in seguito a un mito semi-religioso.

Savitri Devi, psudonimo di Maximiani Portasis

Ecco ciò che scrive Savitri Devi nel suo libro *Pilgrimage* (Pellegrinaggio): "...Il nazionalsocialismo è molto di più che un semplice credo politico; si tratta di uno stile di vita, di una fede nel vero senso della parola – si potrebbe definire una religione, sebbene possa apparire in un primo momento diverso da qualsiasi sistema appartenente all'uso comune. Sradicare le religioni non risulta così facile come invece accade per i semplici credi politici."

Savitri Devi, sostenitrice dell'indipendenza indiana dalla dominazione inglese, unì in qualche modo il suo esoterismo con l'induismo, considerando Hitler il Kalki, decimo e ultimo Avatar di Visnu. Secondo le sue teorie, Hitler era senza dubbio "l'individuo divino del nostro tempo; l'Uomo contro il Tempo; il più grande europeo di tutti i tempi".

La morte di Hitler può essere così considerata come l'inizio di una nuova religione, la quale mira alla risurrezione spirituale e fisica degli ariani, al fine di dominare il Mondo ancora una volta in qualità di Eletti.

Miguel Serrano è il prossimo personaggio più importante che contribuì alla versione religiosa del nazismo dopo il 1945. Serrano era un diplomatico cileno e durante la sua carriera ebbe l'opportunità di incontrare persone come Léon Degrelle, Otto Skorzeny, Hans-Ulrich Rudel, Marc Augier (noto come "Saint-Loup"), Julius Evola, Wilhelm Landig, Herman Hesse e Carl Jung.

Nel 1941 il giovane Serrano prese parte a un ordine esoterico a Santiago del Cile e iniziò a praticare rituali magici correlati ai Maestri Sacri tibetani. Si trattava di ammiratori di Hitler, i quali lo consideravano un bodhisattva incarnatosi sulla Terra per contrastare gli effetti negativi dell'epoca Kali Juga.

Le teorie di Serrano sostenevano fondamentalmente che il nostro mondo materiale è dominato dal Demiurgo (Jehova), che ha popolato il pianeta d'individui primitivi condannati a reincarnarsi in eterno, sempre allo stesso livello basso di esistenza. Questa visione meramente gnostica comprendeva ovviamente anche la controparte costituita da dei buoni (gli Iperborei dalle origini extraterrestri), i quali facevano del loro meglio per aumentare la coscienza e il livello morale delle povere creature umanoidi del Demiurgo.

Come nelle teorie degli Antichi Astronauti, Serrano lamentava che i Nephilim (gli Angeli Caduti), gli Iperborei rinnegati, approfittavano delle loro relazioni con le creature umane del Demiurgo per avere rapporti sessuali con le stesse. L'incrocio delle razze annacquava il loro sangue rilucente proveniente dal Sole Nero e la loro energia divina chiamata Vril. Per la gioia del Demiurgo, ovvero Jehova (la divinità tribale degli ebrei), ciò riduceva la consapevolezza del divino su questo pianeta, facilitandogli così il controllo.

Miguel Serrano, diplomatico in India nel 1957

Serrano sostiene: "Non c'è nulla di più misterioso del sangue. Paracelso lo considerava una condensazione della luce. Io credo che il sangue ariano, iperboreo, lo sia, ma non della luce del Sole d'Oro, di un sole galattico, bensì della luce del Sole Nero, quella del Raggio Verde". (*vedi capitolo sulla società Vril per la spiegazione del colore verde*).

In questo contesto, Hitler era considerato un emissario degli Dei Superiori, scomparso nel 1945 nel suo bunker. Tuttavia egli attende, in un luogo sotterraneo in Antartide, di riemergere in futuro con una flotta di UFO per combattere le Forze delle tenebre (gli ebrei) e fondare il Quarto Reich.

Il Sole Nero

La storia delle religioni, l'esoterismo e la pseudoscienza mostrano più aspetti del Sole Nero, non solo uno. Al di là delle differenze, la questione è capire se affrontano sfaccettature diverse dello stesso tema e, se così fosse, se possono essere strutturati in uno unico, oppure se il Sole Nero sia solamente il nome generico di fenomeni non correlati tra loro. Oggi il Sole Nero richiama quasi esclusivamente un simbolo neonazista, che può essere ritrovato intarsiato nel pavimento di marmo del Castello di Wewelsburg in Germania.

Gli egizi - L'alchimia, come la massoneria, affonda le proprie radici nella mitologia egiziana. Il ciclo solare è probabilmente all'origine di uno dei miti più remoti che ha ispirato gli antichi egiziani e l'umanità, come si può osservare nel contrasto tra Ra e Osiride. Ra muore dopo aver regnato 12 ore e resuscita sotto forma di Osiride nelle 12 ore successive, quest'ultimo in seguito muore e rinasce come Ra. Osiride simboleggia il Sole Nero e questo ciclo naturale è in sintonia con il ritmo della nostra fisiologia biologica giornaliera e con le nostre anime che si reincarnano da un corpo all'altro.

La mitologia mesoamericana - I miti mesoamericani sono condivisi, tra gli altri, da Aztechi, Maya, Mexicas e Toltechi. Un dio comune a queste civiltà è Quetzalcoatl, letteralmente "serpente piumato", il quale incarna uno dei credi più mistici del Sole Nero nell'America Centrale. Dopo aver attraversato il cielo durante il giorno, sarebbe sprofondato nel Mondo Sotterraneo avvolto da un'aura scura.

Gli Aztechi paragonavano il passaggio del sole al Mondo Sotterraneo a una farfalla, archetipo di trasformazione e reincarnazione. L'unico evento in cui il Sole Nero apparirebbe durante il giorno sarebbe l'eclissi solare. In seguito il dio verrà associato alla dea terrena Itzpapalot, chiamata anche "farfalla d'ossidiana" (l'ossidiana è una pietra vulcanica molto scura), che avrebbe mangiato gli uomini durante quell'evento cosmico eccezionale.

Mentre gli Aztechi credevano all'esistenza di cinque mondi successivi corrispondenti a cinque soli (il nostro sarebbe stato il quinto), i Mexicas consideravano il Sole Nero come una sorta di sole antico, l'origine femminile del tutto. Si potrebbe interpretare come simbolo di fecondità proveniente dal grembo della morte, ovvero come principio di metempsicosi o reincarnazione.

Il Sol Niger - L'alchimia, l'ermetismo e lo gnosticismo raccontano dell'esistenza di due credi manichei contrapposti, corrispondenti, nel nostro caso, a due soli: uno apparentemente materiale (o "oro materiale") e uno invisibile (o "oro filosofico"). Il sole materiale del nostro sistema planetario, che si consuma attraverso una semplice fusione nucleare basato sull'idrogeno, potrebbe essere forse considerato il "Sole Oscuro", ma non il "Sole Nero".

Il principio alchemico rigoroso del *Sol Niger* (dal latino "Sole Nero") corrisponde al primo stadio del *Magnum Opus* (la Grande Opera al termine della quale si ottiene l'oro), chiamato anche *Nigredo* o opera al nero.

Da un punto di vista *operativo* il Magnum Opus somiglia molto al principio fisico della fusione nucleare, tuttavia non si deve omettere l'aspetto *speculativo* o mistico del processo alchemico, il quale potrebbe collegarsi a una trasformazione interna spirituale, diffusa tra gli altri da Paulo Coelho nel suo libro *L'alchimista*.

I miti egiziani e mesoamericani, non correlati tra loro, del Sole Nero con riferimento alla morte, alla rinascita e alla fecondità presumono il concetto intermediario alchemico del *Putrefactio* (dal latino putrefazione o decomposizione).

Si può notare un Sole Nero nel fascio di colore del manoscritto alchemico chiamato *Splendor Solis* ("Lo splendore del sole"), scritto probabilmente nel 1532-1535 da Salomon Trismosin, il padre spirituale di Paracelso. Il sole è visibile solo parzialmente, potrebbe trattarsi di un'alba o di un tramonto, in un paesaggio secco e desolato di alberi spogli, nonostante si possano scorgere dei raggi dorati irradiarsi deboli dallo stesso. Nell'alchimia il Sole Nero è simbolo di putrefazione. Nel testo sottostante si legge che questa dissoluzione è necessaria in alchimia per ottenere una materia nera scura come accade nello stadio Nigredo.

Salomon Trismosin - Splendor Solis
1532-1535 nella Galleria delle incisioni nel Museo Statale di Berlino

La putrefazione, o morte, è necessaria per lasciare spazio alla vita e alla rinascita, mentre l'inconscio si ricongiunge alla coscienza. Il culmine di questa conciliazione coincide con la creazione della

Pietra Filosofale, nella quale il *Putrefactio* o *Nigredo* corrisponde alla prima parte del processo. È una fase in cui la purezza viene separata dall'impurezza, oppure come asserì Carl Gustav Jung nel campo della psicoanalisi: per integrare la nostra Ombra, cioè il nostro Lato Oscuro.

Alcuni alchimisti videro in tutto questo anche l'associazione tra donna/Luna e uomo/Sole in un Sole Nero, oppure un matrimonio mistico.

La teosofia e Nemesis - Nel libro *La Dottrina Segreta* (1888), Helena Blavatsky, la fondatrice della teosofia, menziona un sole invisibile al centro della Via Lattea. Avrebbe agito come centro d'attrazione sul nostro Sole e come fonte energetica per l'universo. La sua energia viene considerata "luce creativa", anche se invisibile, e la cabala ebraica la denomina "Luce Nera".

Paradossalmente, questa è la teoria astronomica moderna dell'esistenza di Nemesis, un'ipotetica stella nana e bruna difficile da collocare. Nel 1984 i paleontologi David Raup e Jack Sepkoski sostennero di aver identificato una periodicità statistica nel verificarsi delle estinzioni nel corso degli ultimi 250 milioni di anni e ipotizzarono che il fenomeno potesse essere ricondotto al regolare passaggio di Nemesis.

Il Sole Nero di Wewelsburg - Il Castello di Wewelsburg fu costruito nel 1603 nella regione Renania Settentrionale-Vestfalia in Germania. Nel 1934, un anno dopo l'avvento del nazismo, il Reichsführer Heinrich Himmler affittò il castello per cento anni dal distretto di Paderborn, trasformandolo nel centro ideologico dell'Ordine Nero delle SS.

Il castello divenne un luogo quasi religioso in cui un gruppo di uomini delle SS d'alto rango (un'élite all'interno della stessa élite) si occupava dello studio dell'esoterismo, delle rune, delle tradizioni pagane e delle teorie razziali. Himmler adattò la leggenda di Re Artù e dei suoi cavalieri alla nuova mitologia del Graal, basata sul paganesimo germanico.

Il Sole Nero nella sala Gruppenführer di Wewelsburg si trova esattamente sopra la svastica sul soffitto della cripta sottostante.

Primo piano del simbolo del Sole Nero, oggi famoso.

Al primo piano del castello si trova una *Sonnenrad* (dal tedesco Ruota Solare) verde scuro intarsiata al centro del pavimento di marmo della *Gruppenführersaal* (Sala dei generali SS). L'asse della *Sonnenrad* è stato realizzato con un disco d'oro puro, considerato il fulcro dell'intero "Impero mondiale germanico" dal 1941 in poi. Il disegno ricorda quello delle prime spille germaniche medievali (*Zierscheiben*), indossate dalle donne franche e germaniche sulle cinture. La forma assume un valore solare poiché rappresenta una ruota solare a dodici raggi simile ai dischi decorativi dei Merovingi, interpretati come il passaggio del sole visibile attraverso i mesi dell'anno. Il disegno ricorda anche la Tavola Rotonda della leggenda arturiana, in cui ogni raggio della ruota solare rappresenta un cavaliere o un ufficiale dell'élite delle SS.

Simbolo neonazista del Sole Nero

Molto probabilmente il simbolo fu inserito durante il Terzo Reich, tuttavia solo dopo la seconda guerra mondiale assunse il nome di Schwarze Sonne (dal tedesco Sole Nero) sebbene non vi sia alcuna prova che le SS di Himmler abbiano collegato questo simbolo a quello del Sole Nero. L'unica associazione tra gli elementi sembra essere un'interpretazione esoterica postbellica (*vedi sotto*), impiegata ancora oggi in alcuni episodi di Neonazismo e Odinismo.

Secondo Jean-Michel Angebert (*Les mystiques du soleil*, 1971), la svastica sarebbe in realtà il Sole Nero, cioè un principio di energia invisibile in un universo multidimensionale al di là del mondo visibile. Si avvicina alla filosofia di Giamblico basata sullo gnosticismo. Senza andare così lontano, la ruota solare ha avuto probabilmente una relazione con il sole germanico basata sul misticismo, la quale venne diffusa dalle SS. Il Sole era interpretato come "l'espressione di Dio più forte e visibile".

Ancora una volta ritroviamo l'opposizione tra i concetti degli oggetti materiali e la loro espressione spirituale, il simbolo del Sole Nero di Wewelsburg contro la luce interiore della sua energia mistica, universale e creativa. Analogamente, la coppa del Graal in quanto oggetto può essere contrapposta alle proprietà alchemiche della bevanda che contiene, ovvero l'immortalità spirituale. È possibile fare questo confronto persino col *Sol Invictus* ("Sole invitto"), il dio del Sole nel tardo Impero Romano, il quale sembra aver ispirato il misticismo solare di Himmler.

Nel 274 d.C. l'imperatore romano Aureliano introdusse il culto ufficiale del Sol Invictus, accanto ai culti romani tradizionali. Tuttavia, come la luce interiore del Sole Nero o l'immortalità e/o conoscenza mistica nascosta nel Graal, il Sol Invictus rappresentava un sole spirituale, un concetto metafisico accessibile solo agli adepti, non un sole fisico visibile alle folle exoteriche.

Tutte queste storie si sommano al mito del Castello di Wewelsburg considerato come un centro esoterico, il quale non nasconde solo rari reperti storici dell'Ahnenerbe ("Società di ricerca dell'eredità ancestrale" delle SS incaricata dello svolgimento di studi pseudoscientifici ed esoterici), ma anche i segreti spirituali più profondi sull'origine della razza nordica.

Weisthor, il Rasputin di Himmler - Weisthor, pseudonimo di Karl-Maria Wiligut, dirigeva il Dipartimento di Preistoria e Protostoria all'interno dell'Ufficio Centrale SS per la Razza e le Colonie (RuSHA). Weisthor sviluppò i progetti per trasformare Wewelsburg in un centro pseudoreligioso per l'élite delle SS.

Durante gli anni '20 ideò il proprio alfabeto runico inserendo significati alternativi rispetto al Futhark tradizionale e vi scrisse 38 versi chiamati *Halgarita Sprüche*.

Weisthor, alias Karl-Maria Wiligut

Sosteneva di aver memorizzato questi versi da bambino, grazie agli insegnamenti del padre. Werner von Bülow e Emil Rüdiger dell'Edda-Gesellschaft (Società Edda) affermarono che alcuni versi erano correlati al Sole Nero, come ad esempio il numero 27, il quale secondo Willugut, sarebbe una benedizione risalente a 20.000 anni fa:

> *Sunur Saga santur toe*
> *Syntir peri fuir Sprueh*
> *Wilugoti Haga tharn*
> *Halga fuir santur toe.*

La traduzione potrebbe essere la seguente, considerando che probabilmente questo linguaggio è solo il frutto della mente di Weisthor:

"La leggenda racconta che due Soli, i puri UR e SUN, simili a una clessidra che si capovolge conferendo a uno di essi la vittoria / Il significato del sentiero dell'errante divino / una stella senza valore nella sfera di fuoco divenne una lingua di fuoco rivelata alla Terra della vita del Paradiso / guide volenterose portano alla prosperità attraverso la loro attenzione al corso universale, visibile e invisibile, da dove condussero la fantasia dell'umanità / in polare cambiamento, da UR a SUN in un atto sacrificale crescente e calante, nel fuoco sacro Santur si spegne ambiguamente in scintille, ma torna vittorioso per la benedizione".

Si presume che questi versi confusi e quasi incomprensibili evidenzino che *Santur* avrebbe rappresentato un sole consumato e una fonte di energia per gli Iperborei, i presunti antenati delle tribù germaniche provenienti dal Polo Nord, quando il clima era mite e i suoi paesaggi verdi. La capitale di Iperborea era Thule, una volta identificata come l'Islanda. Inoltre, si presume che *Santur* orbiti nelle vicinanze del nostro pianeta, come un Sole Nero che emana una potente energia invisibile. Quest'ultimo richiama all'ipotesi di Nemesis e all'energia invisibile creativa che dovrebbe irradiare un Sole Nero.

Il Circolo di Vienna - Nel quarto distretto di Vienna, Wieden, Wilhelm Landig, ex appartenente alle SS, fondò nel 1950 un gruppo chiamato il Circolo di Vienna o, dopo la sua morte, il Gruppo di Landig. Il gruppo si riunì per la prima volta nell'appartamento di Landig e tenne delle discussioni sul misticismo esoterico e *völkisch* (nazionalista e razzista) in cui si riportava alla luce e si promuoveva la mitologia di Iberborea, la presunta culla degli antenati ariani nell'Artico.

Secondo Nicholas Goodrick-Clarke (*Sole nero: culti ariani, nazismo esoterico e politiche identitarie*, 2002), il gruppo di Landig inventò il concetto del Sole Nero diffusosi durante gli anni '90 nei gruppi neonazisti. Attraverso le novelle scritte da Wilhelm Landig fu possibile questa riscoperta nazista. A tal scopo scrisse una trilogia: *Götzen gegen Thule, Rebellen für Thule* and *Wolfszeit um Thule*.

Erich Halik, un membro illustre del Circolo di Vienna, fu il primo a collegare l'esoterismo dell'élite delle SS al concetto del Sole Nero, tuttavia non al simbolo di Wewelsburg. Landig definì il Sole Nero "una svastica sostitutiva e una fonte mistica di energia, in grado di rigenerare la razza ariana". Il sole visibile sarebbe un semplice simbolo di un anti-sole invisibile: "Tutto ciò che può essere compreso dai sensi umani è materiale, l'ombra della luce spirituale invisibile. Anche il fuoco materiale è, in tal senso, solo l'ombra del fuoco spirituale". Landig riprese le antiche teorie pseudoscientifiche e völkisch di Atlantide, della Terra Cava di Hörbiger e del misticismo ariano. Nella sua trilogia colloca nell'Artico le forze positive del Sole Nero, le quali secondo lui sono rappresentate da un disco viola scuro, non nero, che diventerà bianco quando la Germania vincerà la battaglia del mondo titanico. È interessante notare che Landig sostiene che il Sole Nero discenda dalla religione babilonese, a sua volta proveniente dalla stella Aldebaran, che "ci illumina e ci da la forza di comprendere". Secondo Landig il Sole Nero simboleggia un ordine esoterico all'interno delle SS che "splende sulla Montagna di Mezzanotte con una luce invisibile perché vi brilla all'interno". Sembra che la Montagna di Mezzanotte sia presente nei miti di diverse popolazioni come i cinesi o gli indiani; questi ultimi le attribuiscono il nome di Monte Meru.

Wilhelm Landig

Inoltre, Landig diffuse storie sui dischi volanti nazisti costruiti in una base sotterranea in Antartide (*vedi Spedizione in Nuova Svevia*), tuttavia l'Ammiraglio statunitense Byrd non riuscì a impadronirsene.

Il Sole Nero di Tashi Lhunpo (Die schwarze Sonne von Tashi Lhunpo) è un libro occulto nazista, scritto nel 1991 da Russel McCloud, pseudonimo di Stephan Mögle-Stadel. Racconta dell'assassinio del presidente della Banca Europea e del membro supremo del Consiglio di Sicurezza dell'ONU, i quali sono correlati per il ritrovamento del simbolo del Sole Nero marchiato a fuoco sulla fronte delle vittime. Questa è la *prima volta* in cui il simbolo della Ruota Solare ritrovato nella Gruppenführersaal, nel Castello di Wewelsburg, è collegato con il mito del Sole Nero. Sebbene contraddica il disco viola scuro della trilogia di Landig, evoca chiaramente una fonte di energia universale e creativa attraverso il suo cerchio nero e le dodici rune radiali. In realtà sembra trattarsi di pura finzione, considerando che Stephan Mögle-Stadel è soltanto un giornalista e scrittore.

Tuttavia, i neonazisti hanno adottato la Ruota Solare *(Sonnenrad)* di Wewelsburg come unico e vero simbolo del Sole Nero e lo impiegò come sostituto della svastica, proibita in molti Paesi europei.

Altre fantasie naziste del dopoguerra - Secondo il Professor Nicholas Goodrick-Clarke "Agli inizi degli anni '90 gli austriaci Norbert Jürgen Ratthofer e Ralf Ettl svilupparono nuovi miti sugli UFO nazisti che coinvolgevano l'antica Babilonia, l'energia Vril e la civilizzazione extraterrestre nel sistema solare di Aldebaran. Queste idee folkloristiche sono elementi integranti di una religione dualista chiamata Marcionismo diffusa da Ralf Ettl attraverso la sua Tempelhofgesellschaft (Società Templare) di Vienna, definita il successore segreto degli storici Templari che avevano assorbito ideologie gnostiche ed eretiche nel Levante". Ratthofer e Ettl affermano nel DVD *UFO - Geheimnisse des Dritten Reichs*, 1990 (*UFO – I segreti del Terzo Reich*) che "All'interno delle SS, la Società Thule istituì un'organizzazione segreta a parte chiamata Sole Nero, la quale aveva come simbolo lo *Schwarze Sonne* (in tedesco).

Nel 1997 Peter Moon scrisse *The Black Sun: Montauk's Nazi-Tibetan Connection*, mostrando per la prima volta nella storia dell'occultismo nazista l'immagine del "Sigillo del Sole Nero". Si presume si tratti del simbolo dell'Ordine del Sole Nero, "la società segreta più profonda della Germania nazista: lo Schwarze Sonne ".

In conclusione, il Sole Nero può essere considerato un mito poliedrico di antiche origini, nonostante non sia dimostrato che le sue fasi di sviluppo nella storia riconducano allo stesso concetto.

Tuttavia, è possibile riscontrare molti elementi comuni a questi miti, che potrebbero contribuire a svelare parti di una verità unica e originale.

Sigillo del Sole Nero

Il Sole Nero potrebbe essere la controparte invisibile del nostro sole visibile, in grado di irradiare la sua influenza sui pianeti, le cose e gli esseri viventi. Si nasconde dai mortali, sebbene sia in sintonia con il loro ritmo biologico; tuttavia può essere visto dalle anime dell'Oltretomba. Il suo significato alchemico e psicoanalitico è quello di una forza spirituale capace di guidare una profonda trasformazione interiore precedente a una totale rinascita o reincarnazione.

I nazisti erano alla ricerca dei segreti spirituali della razza nordica e avrebbero potuto immaginare il Sole Nero, almeno in una cerchia molto ristretta delle SS, come un'intensa forza di energia creativa che risplende dall'interno. Alcuni si spinsero ad affermare che questa forza "avrebbe permesso alle anime di vivere più livelli di realtà contemporaneamente".

La definizione di Sole Nero richiama fortemente quella della forza Vril, della quale si ha a disposizione scarsa documentazione, inaffidabile nella maggior parte dei casi. Alcuni arrivano a sostenere che il nostro pianeta è cavo e illuminato da un Sole Nero centrale che irradia luce verdastra.

Il Vril

Il Vril, così come la società che ne porta il nome, rappresenta oggi una tappa tradizionale nei meandri del cosiddetto esoterismo nazista. Paragonato al Sole Nero, l'esistenza del Vril è molto controversa e a volte si dovrebbe partire dai fatti storici verificabili per accedere a una zona grigia tra mito e realtà. Fino a che punto i miti sono irreali?

Al principio era una novella fantascientifica - In realtà, molte sette hanno origine dalle parole o dalle visioni di un singolo individuo, mentre altre si basano su un libro sacro o persino su una novella. Questo è il caso di Scientology, ma può anche riguardare in parte anche altre religioni di successo. I primi cenni al Vril si trovano nel libro *La razza che verrà* di Sir Edward Bulwer-Lytton (1871). Sebbene il termine fantascienza non esistesse a quel tempo, sarebbe stato appropriato per descrivere sia questo libro che quello di Jules Verne. Sir Edward Bulwer-Lytton scrisse anche *Zanoni*, un romanzo occulto, e il famoso *Gli ultimi giorni di Pompei*.

La trama è incentrata su un viaggiatore che si perde in un'antica miniera in Gran Bretagna, fino a ritrovarsi ospite di una razza sotterranea antidiluviana chiamata Vril-ya. Non erano né dei né angeli, tuttavia sembravano esseri molto superiori rispetto agli umani per l'altezza, intelligenza, saggezza e per i poteri soprannaturali, quali la telepatia. Sfruttavano un fluido energetico chiamato Vril. Attraverso il controllo della volontà, erano in grado di dominare questa energia universale, invisibile e creativa capace di guarire, trasformare e distruggere, oltre che fungere da combustibile per i mezzi di trasporto e fonte di luce verde chiaro per il sottosuolo.

Zee, la figlia dell'ospitante, insegna all'eroe e narratore la storia dei Vril-ya. Impara così che quando le caverne sotterranee non sarebbero più state sufficienti per ospitare le nuove generazioni, i Vril-ya avrebbero dovuto conquistare il mondo in superficie, annientando il genere umano se necessario. Il Vril è così potente che un bambino Vril-ya potrebbe distruggere in pochi secondi una città di dieci milioni di abitanti.

Sir Edward Bulwer-Lytton

Il narratore studia il linguaggio Vril-ya e giunge alla conclusione che la popolazione "discende dagli stessi antenati della grande razza ariana, dai quali, in epoche diverse, è scaturita la civilizzazione dominante del mondo".

In qualche modo i Vril-ya hanno molto in comune con i Superiori Sconosciuti di Lovecraft: telepatia, padronanza di forze sconosciute e un'origine antidiluviana.

Sole Nero e alchimia - Si dovrebbe procedere con cautela con tutte le informazioni sull'esoterismo, poiché ogni mito falso rinforza gli altri, soprattutto su internet. Tuttavia, sussiste l'ipotesi che Bulwer-Lytton abbia basato la sua novella su più miti e archetipi antichi conosciuti agli alchimisti medioevali. L'energia vitale dei Vril era già nota come Prana, Chi, Ojas, Luce Astrale, Forza Odica e Orgone. Recentemente, alcuni adepti della Teoria della Terra Cava sostenevano persino che il Vril provenne dalla forza invisibile del

Sole Nero, una sorta di *Prima Materia* (dal latino, Materia Primordiale) al centro del nostro pianeta.

Il verde, il simbolo del Vril - La luce verde che illumina il mondo sotterraneo dei Vril-ya richiama molti altri avvenimenti in cui è presente questo colore: la favola di Goethe *Il serpente verde*; l'ipotesi che il Sacro Graal potrebbe essere uno smeraldo caduto dalla fronte di Lucifero; la Groenlandia, menzionata nel X secolo da Erik il Rosso, in memoria della Terra Primordiale, nonostante il 60% dell'isola fosse già ricoperto da ghiaccio; secondo alcuni egittologi Osiride era considerato un dio che irradiava luce verde; il Grande Sacerdote mesoamericano di Quetzalcoatl, traeva il proprio potere da un enorme smeraldo magico e la sua pelle del dio era di colore verde; la famosa Tavola di Smeraldo (*tabula smaragdina*) della tradizione ermetica degli alchimisti; alcune pietre lunari verdi sarebbero in possesso del potere della " levitazione" che permette alle streghe di volare secondo l'antica tradizione scozzese, oppure nascoste sotto le cattedrali, impedivano alle bombe di caderci sopra durante la seconda guerra mondiale in Germania.

Quetzalcoatl

Una menzione particolare va all'Ordine del Drago Verde e il Monaco dai Guanti Verdi.

L'ordine del Drago Verde era una società segreta (politica e mistica) giapponese consacrata al dominio del corpo umano, il quale offriva in cambio l'accesso a un "grande potere". Agli adepti superiori veniva chiesto di far germogliare un seme attraverso la telecinesi.

Karl Haushofer, addetto militare a Tokyo prima della primera guerra mondiale, fu uno degli unici tre membri occidentali dell'Ordine. Haushofer fu uno dei fondatori della geopolitica (la teoria del *Lebensraum* e dello spazio vitale) e si presume fosse anche membro della Società Vril. Non prese mai parte al partito nazista e si sposò persino con una donna ebrea nonostante le asserzioni contrastanti della letteratura esoterica nazista.

La Società Vril sosteneva di aver ordinato delle spedizioni in Tibet prima della seconda guerra mondiale e di aver incontrato i monaci Bönpo di Agarthi nel 1942. Negli anni '20 i monaci tibetani fondarono la Società degli Uomini Verdi a Berlino e a Monaco. Il Sacerdote Supremo era un uomo chiamato Monaco dai Guanti Verdi; si dice che Hitler gli abbia fatto visita per il dono della chiaroveggenza.

Si presume che la Società degli Uomini Verdi, aiutata dall'Ordine del Dragone Verde, sostenesse il nazismo nel tentativo di trasformare gli ariani in uomini deificati. Pauwels e Bergier, nel libro *Il mattino dei maghi* – una fonte poco affidabile, ma l'unica che tratta questo argomento – narrano che durante la caduta di Berlino i russi hanno ritrovato diversi cadaveri di uomini asiatici in uniforme tedesca, i quali apparentemente si erano suicidati seguendo un rituale.

Secondo la stessa fonte Haushofer si sarebbe suicidato allo stesso modo, tuttavia si tratta di una falsità storica. Lo storico H. A. Jacobsen dimostrò che tutto ciò che era stato scritto ne *Il mattino dei maghi* su di lui e la società Vril corrispondeva unicamente al falso.

La Società Vril - Louis Jacolliot (1837–1890) era console francese a Calcutta (India) quando scrisse *Les fils de Dieu* (1873) and *Les Traditions indo-européennes* (1876). Entrambi i libri evidenziavano l'esistenza dei Vril, comparsi qualche tempo prima nel romanzo di Bulwer-Lytton *La razza che verrà* (1871). Si ipotizza che Jacolliot abbia incontrato i Vril nei Jainisti a Mysore e a Gujarat nello stato dove viveva come diplomatico e giudice.

Madame Helena Blavatsky, la fondatrice di questa teosofia, rimase colpita dal libro di Bulwer-Lytton. La scrittrice trovò la conferma degli aspetti razziali delle sue teorie rispetto all'origine dell'umanità e ne scrisse nei suoi libri *Iside svelata* (1877) e *La dottrina segreta* (1888). La superiorità fisica e spirituale della razza bianca venne in seguito unita all'antisemitismo e ai primi studi sulla razza indoeuropea da parte dei tedeschi nazionalisti per dare vita all'ariosofia (ariani + teosofia). Si tratta per lo più delle opere di Guido von List e Jörg Lanz von Liebenfels.

Heinz Haber, Wernher von Braun, Willy Ley
(da sinistra a destra)

Sia Louis Jacolliot che Madame Blavatsky sostennero con così tanta convinzione il mito dei Vril di Bulwer-Lytton, tanto che molti contemporanei credono veramente all'esistenza della forza verde.

Secondo Joscelyn Godwin (*Il mito polare. L'archetipo dei poli nella scienza, nel simbolismo e nell'occultismo*) l'unica fonte primaria di informazione sulla Società Vril è Willy Ley.

Willy Ley era un ingegnere missilistico fuggito dalla Germania nazista nel 1933. Nel 1947 pubblicò un articolo chiamato "Pseudoscience in Naziland" nella rivista *Astounding Science Fiction*. Spiegò che il nazismo aveva raggiunto molti successi tecnici perché aveva sistematicamente tentato ogni alternativa possibile in tutti i campi scientifici, incluse le pseudoscienze della Terra Cava, *Welteislehre* (Teoria del Mondo di Ghiaccio) e persino la magia.

Secondo Ley, esiste tra queste strane teorie un gruppo realmente interessato al Vril:

"La fondazione del gruppo si basa letteralmente su una novella. Credo che il gruppo si chiami *Wahrheitsgesellschaft* (Società della Verità) e si localizzi nei pressi di Berlino. Nel tempo libero gli adepti si occupavano della ricerca del Vril. Ebbene sì, le loro convinzioni si basavano su *La razza che verrà* di Bulwer-Lytton, pur essendo consapevoli del fatto che il libro era pura finzione e che era servito a Bulwer-Lytton per raccontare la verità su questo "potere". L'umanità sotterranea corrispondeva al nonsenso, ma non il Vril. Il potere avrebbe permesso ai britannici, i quali mantennero il Vril come un segreto di stato, di dominare il loro impero coloniale. Anche i romani ne avrebbero beneficiato: il potere, conservato in piccole sfere di metallo, salvaguardava le loro case e veniva chiamato *lari*. Per ragioni che fatico a comprendere, il segreto dei Vril potrebbe essere scoperto contemplando la struttura di una mela tagliata a metà.

No, non sto scherzando, è ciò che mi è stato detto in solennità e segretezza. Un gruppo simile esistette veramente e pubblicò persino la prima edizione della rivista che ne proclamava il credo (Avrei tanto voluto conservare alcune cose, ma avevo abbastanza libri da piazzare clandestinamente)".

Il professore Nicholas Goodrick-Clarke (*Sole nero - Culti ariani, nazismo esoterico e politiche identitarie*, 2002) dà un resoconto diverso e più plausibile basato sulle scoperte del Dr. Peter Bahn nel suo saggio *Das Geheimnis der Vril-Energie* (*Il segreto dell'energia Vril*): "La verità sulla Società Vril era molto meno impressionante. Formalmente, si chiamava *Reichsarbeitsgemeinschaft "Das Kommende Deutschland"* (il Gruppo di Lavoro del Reich "La Germania che verrà'); era una delle tante piccole società occulte nella Germania di Weimar, sponsorizzata dall'editore astrologico Wilhelm Becker. Il gruppo pubblicò una rivista che fallì apparentemente dopo la prima edizione.

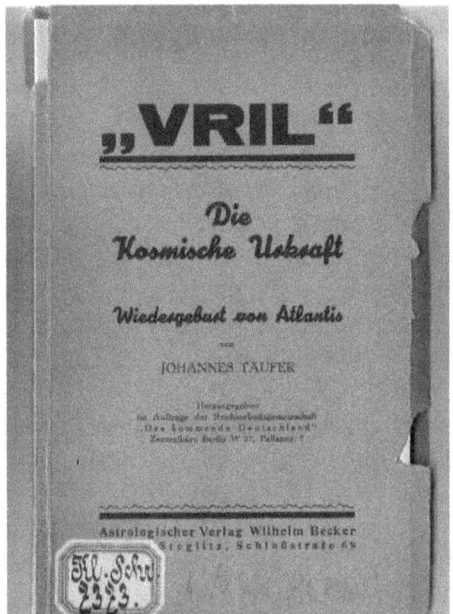

Vril: il potere cosmico originario

Inoltre, nel 1930 vennero pubblicati due opuscoli *Vril: Die kosmische Urkraft* (Vril: il potere cosmico originario) e *Weltdynamismus* (Il dinamismo del mondo), i quali sostenevano di rivelare i segreti della tecnologia energetica. Una pagina dell'ultimo opuscolo mostra una mela tagliata a metà come simbolo dello spazio libero dall'energia che circonda la terra. In questo modo, la storia di Ley sarebbe confermata, tuttavia l'articolo non sostiene le affermazioni fantasiose riguardanti le attività della Società Vril e l'influenza di scrittori successivi".

Infine, alcuni arrivarono ad affermare che i nazisti volevano trasformare i tedeschi ariani in una super razza e renderli pari ai supereroi all'interno della Terra. Per ottenere questa trasformazione avrebbero tentato di impiegare diversi metodi di meditazione, basati probabilmente sul buddismo tantrico, sullo sciamanesimo "nero" pre-buddista dei tibetani Bönpo e su gli *Esercizi Spirituali* di Sant'Ignazio di Loyola.

L'esistenza della Società Vril compare per la prima volta nel 1960, nel libro *Il mattino dei maghi* di Pauwels e Bergier. Somigliava ad altre società segrete esistite in quell'epoca, come la Società Thule o la Golden Down. Gli scrittori citarono un passo di "Pseudoscience in Naziland" in cui Willy Ley scrisse di questa strana società, collegandola al suicidio rituale dei monaci tibetani nei giorni precedenti la caduta di Berlino. L'ipotesi più plausibile è che si trattasse di asiatici delle repubbliche sovietiche "liberate", arruolati nella lotta nazista contro il comunismo. Ben noti sono anche altri casi di soldati indiani arruolati nelle SS per servire la Germania nei bunker del Vallo Atlantico in Francia.

I miti di Van Helsing degli anni '90 - Grazie al contributo dell'autore Jan van Helsing, pseudonimo Jan Udo Holey, il mito Vril raggiunge l'apice del suo successo, tuttavia non la verità storica. Van Helsing scrisse delle moderne basi ufo naziste in Antartide, come risultato di una lunga attività sotterranea cominciata negli anni '20 tra i membri delle società segrete.

Si presume che Maria Orsitsch (Marija Oršić in croato) fosse una potente medium e un membro della Società Vril. Il padre era un immigrato croato di Zagabria, mentre la madre era austriaca.

Nel 1917 Maria Orsitsch avrebbe incontrato Karl Haushofer, il Barone Rudolf von Sebottendorf (della Società Thule) e il Prelato Gernot della *Societas Templi Marcioni* (Eredi dei Cavalieri Templari) nel café Schopenauer di Vienna. Si dice che fossero ammiratori del *Hermetic Order of the Golden Dawn* e discepoli delle logge segrete asiatiche; ecco il motivo della presenza dei monaci tibetani a Monaco e a Berlino. Come abbiamo già potuto constatare si tratta di pura fantasia, almeno per quanto riguarda Karl Haushofer.

Studiavano i testi segreti dei Cavalieri templari ed erano legati alla confraternita segreta *Die Herren vom schwarzen Stein* (Signori della Pietra Nera), la cui esistenza non viene riscontrata altrove.

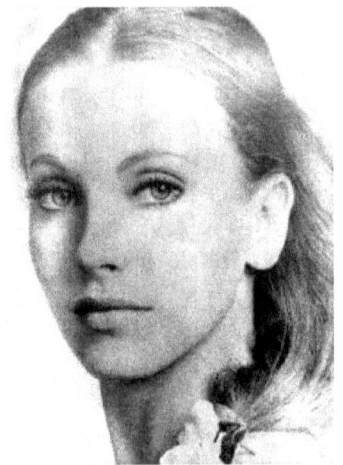

Maria Orsitsch, ovvero Marija Oršić

Maria conobbe con i membri della Società Thule di Monaco e fondò il proprio gruppo di medium, inizialmente chiamato *Alldeutsche Gesellschaft für Metaphysik*. Avevano una lunga coda di cavallo, che pensavano potesse agire da antenne cosmiche per ricevere comunicazioni aliene.

Nel 1919 alcuni membri di tutte queste società segrete si incontrarono in una piccola loggia alpina nei pressi di Berchtesgaden. Qui, Maria Oršić e un'altra medium, Sigrun, affermarono di aver ricevuto delle trasmissioni telepatiche provenienti dalla stella di Aldebaran attraverso degli scritti templari segreti contenenti i prototipi tecnici per la costruzione di dispositivi volanti. Il linguaggio utilizzato per decodificare il messaggio non sarebbe stato altro che l'antico sumero, "che sembrava il tedesco" (*sic*).

Segue una serie di diversi UFO Vril (Vril-7, Haunebu I, II, etc), da impiegare in seguito nel raggiungimento di Aldebaran.

Naturalmente un canale multi-dimensionale, indipendente dalle equazioni della relatività di Einstein, li avrebbe guidati fino alla stella.

Maria Oršić scomparve nel 1945, lasciando una lettera a tutti i membri della sua loggia in cui si leggeva "Niemand bleibt hier" (nessuno rimane qui). Si ipotizza che scapparono ad Aldebaran, oppure nella più vicina Antartide nazista!

Si può tranquillamente affermare che il tema del Vril sia molto controverso. Tuttavia, non è necessario ridicolizzarlo inventando storie infondate, non supportate da fonti o prove. Colore in cerca della verità rispettano il lavoro della ricerca e respingono i pappagalli che diffondono voci e leggende metropolitane. Ogni mito nasconde una verità e merita di essere trattato seriamente e con rispetto.

Il termine Vril fu inventato probabilmente da Bulwer-Lytton nel suo romanzo, poiché è la prima volta che viene menzionato. Tuttavia, il concetto di un'energia invisibile universale e creativa da sfruttare e dominare non è nuovo, trova infatti dei predecessori nella storia delle religioni, nella filosofia e nell'occultismo e potrebbe essere nuovamente interpretata alla luce della meccanica quantistica.

La Società Vril era verosimilmente il gruppo chiamato *Reichsarbeitsgemeinschaft "Das Kommende Deutschland"* e si occupava del Vril e della sua supremazia. Tuttavia, la Società non ha alcuna correlazione fondata con la Società Thule, che era già scomparsa secondo prove certe. Karl Haushofer e Rudolf Hess non ne facevano parte e probabilmente non riuscirono mai a catturare l'attenzione dei nazisti al controllo del potere. La leggenda di Maria Oršić si basa sul nulla, poiché non fu ritrovato nemmeno il suo certificato di nascita. Naturalmente, alcuni potrebbero argomentare che l'abbiano preso le persone di Aldebaran oppure, come si legge in alcuni libri fantasy certi di detenere la verità, che i membri della

Società Vril abbiano cancellato tutte le loro tracce per "motivi di sicurezza".

EPILOGO

Ci si potrebbe chiedere la ragione per cui libri, film e persino video game sulla seconda guerra mondiale riscuotano ancora così tanto successo, soprattutto quelli che affrontano il tema del nazismo e il suo lato oscuro. Forse perché la seconda guerra mondiale è l'ultimo evento storico di proporzioni globali e noi viviamo oggi dopo la Fine della Storia, in un mondo postmoderno controllato dall'Impero del Bene. Il Male, la negazione, le battaglie e le ideologie avevano un senso solo quando le basi della nostra civilizzazione era a rischio, e dopo il 1945 non si sono più rivelati necessari. In tutte le parti del mondo, gli individui aspirano al raggiungimento degli stessi standard di benessere, basati sia su valori morali che economici. Il Male non costituisce più un reale pericolo.

In questa prospettiva, il nazismo occulto rappresenta la malvagità del Male, mentre Hitler incarna il Diavolo. L'uomo postmoderno vuole vivere l'emozione della storia passata in versione asettica, senza dolore e pericolo. Desidera essere un "ribelle", aiutato dalla legge, dal governo e da tutte le nuove istituzioni morali. *Un ribelle senza una reale causa*, che combatte a lungo contro fantasmi inesistenti. In altre parole, l'uomo moderno pretende di essere unico, mentre altri milioni di cloni giocano a fare gli eroi senza conseguenza alcuna, senza stress.

L'interesse per il nazismo occulto nasce da questi sentimenti, poiché nel mondo postmoderno non si è mai verificato un evento di così grande portata come la seconda guerra mondiale. La maggior parte delle piccole guerre avvenute dopo la seconda guerra mondiale, come quella del Vietnam, hanno sì riportato vittime, tuttavia non erano destinate a cambiare il mondo. L'obiettivo era semplicemente tracciare una linea rossa tra il mondo occidentale e l'impero comunista, per far comprendere che non si poteva oltrepassarlo, niente di più.

Il Male è svanito e ora ci sentiamo davvero inutili poiché era il vero motore della storia, quell'"altro" dialettico necessario che possiamo combattere. L'uomo moderno sostituisce il Male con "finti nemici" e falsi avvenimenti, come ad esempio paragonare Saddam Hussein a Hitler inventando storie sulle armi di distruzione di massa. Questo è il motivo per cui il nazismo occulto divenne un mito dopo la seconda guerra mondiale. Ecco gli ingredienti: cattivi, stregoni, magia, esoterismo e la lotta contro le ideologie irreconciliabili in un contesto di una nuova storia in formazione.

Detto questo, molti autori identificarono una lacuna proficua nel mercato e iniziarono a scrivere assurdità o, ancor più in modo disonesto, inventarono leggende metropolitane e nuovi miti sul web. Ogni mito, diffusosi come un pettegolezzo, si basa su quello precedente a vi aggiunge ulteriori elementi fantastici. Alcuni sono semplici beffe, mentre altri sono trappole commerciali, tuttavia nessuno corrisponde alla verità.

Per quanto riguarda la storia, vi erano un occultismo nazista genuino e molti altri episodi sconosciuti correlati al Terzo Reich. Questi argomenti sono trattati in questo libro perché abbastanza interessanti e hanno un profondo significato che non richiede l'invenzione di eventi o fantasie. Si tratta di testimonianze di tempi non ordinari. Proprio come il nazismo, sono una breccia nel tessuto della storia che è riuscito a incantare i suoi contemporanei.

I segreti nazisti

I segreti nazisti

FONTI ICONOGRAFICHE

Pag.	Attribuzione	Licenza
12	Bundesarchiv, Bild 183-1997-0923-500/ Hubmann, Hanns	CCBY-SA3.0DE
13	Soldato africano in servizio nella Legione Arabia Libera delle Waffen SS	PD
14	Bundesarchiv, Bild 183-J16695/ Werner	CCBY-SA3.0DE
15	Bundesarchiv, Bild 146-1973-010-11/o.Ang.	CCBY-SA3.0DE
17	Autore: Blueangel	PD
19	Autore: Xufanc	PD
22	Autore: Honza Groh	PD
23	La fabbrica Mittelwerk	PD
24	Autore: Przykuta	CCBY-SA3.0
25	Autore: Agatstone	CCBY-SA3.0
27	Archiv der Gedenkstätte Buchenwald	FU/UN
28	Silbervogel: modello di spazioplano, 1935	PD
29	Autore: marinaio britannico sconosciuto	PD
30	Il Panzer VIII Maus e l'equipaggio	PD
30	L'esamotore Junkers Ju 390	FU/UN
31	Bild 101I-596-0367-05A/Menzendorf	CCBY-SA3.0DE
31	Autore: Nick-D	CCBY-SA3.0
32	Autore: AElfwine	CCBY-SA3.0
32	Horten Ho 229	PD
33	L'elicottero tedesco Fl 282 Kolibri	PD
33	Fieseler Fi 103R, nome in codice Reichenberg	PD
34	Messerschmitt Me 163	PD
34	Me 262A al National Museum of the US Air Force a Dayton	PD
35	Il cannone Dora	PD
35	StG 44	PD
36	Bundesarchiv, Bild 146-1979-118-55/Unknown	CCBY-SA3.0DE
39	Autore: Max Fyfield	FU/UN
41	Hanns Hörbiger	PD
42	Peter Kiehlmann Collection	FU/UN

117

43	Simbolo ufficiale della spedizione del 1938-1939	PD
46	Simbolo ufficiale dell'Ahnenerbe	PD
49	Bundesarchiv, Bild 135-KA-10-072/ Krause, Ernst	CCBY-SA3.0DE
50	Autore: Mhwater	PD
52	Autore: Tbachner	CCBY-SA3.0
56	Cronistoria di Shilling da Lucerna (1513)	PD
60	Wotan (Odino), il Re Norreno	PD
66	Bundesarchiv, Bild 101I-295-1561-09/ Müller, Karl	CCBY-SA3.0DE
67	Hermann Rauschning	PD
68	Saint-Loup in uniforme tedesca nel 1942 a Smolensk	FU/UN
69	La Zillertal nel 1898	PD
72	Autore: WeskerX	PD
73	Torre di raffreddamento a Siechnice, Polonia.	PD
74	Presunta fotografia di un progetto simile: un Schallkanone	PD
75	Il dispositivo Repulsin	PD
75	Il Repulsin compare a volte con una croce della Luftwaffe	PD
76	Rara immagine di un Foo Fighters	PD
77	L'ufo di Adamski, rivelatosi essere un lampione	PD
78	Il dispositivo volante di Rudolf Schriever	PD
78	Prototipo del Sack AS-6	PD
81	Bundesarchiv, Bild 141-0072/ Unknown	CCBY-SA3.0DE
86	Savitri Devi, pseudonimo di Maximiani Portasis	FU/UN
88	Miguel Serrano, diplomatico	PD
92	Salomon Trismosin - Splendor Solis	PD
94	Il Sole Nero nella sala Gruppenführer	PD
94	Primo piano del simbolo del Sole Nero, oggi famoso.	PD
95	Simbolo neonazista del Sole Nero	CCBY-SA2.0DE
97	Karl Maria Wiligut	FU/UN
99	Wilhelm Landig	FU/UN
101	Sigillo del Sole Nero	FU/UN
103	Sir Edward Bulwer-Lytton	FU/UN
104	Quetzalcoatl	FU/UN
106	H. Haber, Wernher von Braun, Willy Ley	PD
108	Vril: il potere cosmico originario	FU/UN
110	Maria Orsitsch	FU/UN

I segreti nazisti

I segreti nazisti